政治と政治学のあいだ

政治学者、衆議院選挙をかく闘えり

Ohi Akai
大井赤亥

青土社

目次

第3章　「3・2・1の法則」と政党対立の再編成

――二つの争点軸と三極構造の変容　56

第6章　コロナに試された日本政治
――政治不信のなかのパンデミック　125

第7章　政治家だけが知りえること
――民衆との「接触」を強いる選挙という工夫　144

第8章　衆議院選挙を迎え撃つ

――「安倍一強」をめぐる政治対決の総決算　165

第Ⅲ部　未知の時代に踏み出す日本政治

政治と政治学のあいだ

——政治学者、衆議院選挙をかく闘えり

はじめに

本書のなりたち

　本書は、それぞれに色あいの異なる三つの部分、すなわち一九九三年以降の日本政治を掴む認識枠組《フレームワーク》を示した現代日本政治論、二〇二一年衆議院選挙を候補者として駆け抜けた私自身の経験記、そしてこれからの日本政治のヴィジョンを展望した試論という三部構成になっている。

　これらはいずれも、政治と政治学のあいだ、すなわち現実と理論との中間領域における思索から紡がれた論稿といえる。それぞれの論稿の狙いを明瞭にするために、必要に応じて私自身のこの間の活動に触れながら、それらが生み出された背景や私の問題意識をあらかじめ示しておきたい。

一九九三年体制をめぐって

　過去六年間の私は、「改革」という言葉にこだわって思索を続けてきた。「改革」とは辞書によれば文字通り「改め変えること」であるが、一九九〇年代以降の日本政治においてこの言葉は強い意味を帯びて流通し、社会を特定の方向に引き寄せてきた。思い返せば、私は「改革とは何か」というテーマに恵まれ、その解明を急かされる形で自らの知的関心を惹起《じゃっき》され、それを表現する作業に駆り立てられてきたといってもよい。

政治学者の升味準之輔はかつて、一九五五年にできた「保守」と「革新」の政治的均衡を「五五年体制」と名づけた。いわく、第二次大戦後に生じたいくつかの川が一九五五年に大きなダムに集約され、いつかこのダムは決壊するだろうが、「現在は一九五五年のダムのなかにある」と。

果たして、一九九三年の自民党分裂によってこのダムは決壊し、水は奔流《ほんりゅう》となりほとばしった。政界再編に伴って非自民保守系の新党が登場し、それらがポスト五五年体制における現状変革の結集軸として「改革」を掲げることになったのである。

冷戦構造という大時代的な対立軸を失い、ポスト冷戦期の日本政治は混迷していった。しかし、平成年間の政治を振り返ると、それを整理するパターンがうっすらと浮かびあがってくる。すなわち、一九九三年以降の日本政治の選択肢は「保守・旧革新・改革」の三極にまとめられ、この三極構造は政策的布置と力関係において、第二次安倍政権期にいたるまで大きく変わっていない。この三極構造を、五五年体制のひそみに倣い、「一九九三年体制」と名づけてみたい誘惑に駆られるのは、けだし政治学者として必然であろう。

第I部の諸論文は「保守・旧革新・改革」からなる一九九三年体制の内実を論じた軌跡である。過去六年間の私の研究は、結局、この三極を並べ替え、比較し、あれこれ弄《いじ》り倒してそれらの異同や特徴を考えることに終始したといってよい。一九九三年体制というテーマとは、これまでの日本政治の選択肢を整理し、これからの展望を論じるための導きの糸として、今しばし大事に伴走していきたい。

二〇二一年衆議院選挙を闘って

民主主義とは「治者と被治者の同一性」にむけた理念、運動、制度だとされてきた。そして、理念、運動、制度という三要素はいずれも循環的な関係にある。すなわちそれは、「治者と被治者の同一性」という理念を求めて運動が生じ、運動が制度という形に落とし込まれ、その制度が形骸化すれば再び理念による批判を受け、運動が既存の制度を攪乱《かくらん》するというサイクルをなしている。私はこのような政治学の建前を、比較的素直に受け入れてきた。

二〇一五年の安保法制反対運動が安倍政権への抗議を示す最大の「運動」の局面であったとすれば、野党各党がその圧力を受けとめ、来たる衆議院選挙における候補者一本化を図った野党共闘は、「運動」の要求が政党政治に落とし込まれる「制度」の局面であったといえる。

安保法制に抗議する国会前デモに「参与観察」してきた私が、そこで生まれたモメンタムの一大結節点としての衆議院選挙に自ら野党統一候補として飛び込むことは、今思えば自然な流れであった。私をよく知る友人たちが、その決断に対して一様に、「驚いたけど、驚かなかった」と送り出してくれたのも道理である。

二〇二〇年四月から、郷里広島にて私のどぶ板の政治活動が始まった。衆議院選挙に向けた二年間弱は、おそらく私の人生を「それ以前／それ以後」で二分する区切りのように、私を大きく変える経験になった。

司法・立法・行政という三権のなかで、立法府への人材登用にだけ資格試験がない代わりに、政治家だけが選挙という摩訶《まか》不思議なドンちゃん騒ぎを課せられている。選挙に際して政治家は、街角で直接に有権者と触れあい、握手し、意見を聞くことを強いられる。選挙とは政治家に民衆との「接触」を強いる契機であり、それゆえ政治家は、資格勉強では掬《すく》い取れない、市民社会の「合理性」に肉薄する。その意味で、選挙とは政治家に地域を這いずりまわらせる工夫であり、「社会の中に入れ、人々の声を聞け」という憲法の要請だといえる。

候補予定者となって以来、私自身も人と接することを自らの職分と腹をくくり、どぶ板の活動を自分に課してきた。自分のまったく知らない人と会い、求めて未知を探し、進んで恥をかき、新しい意見を吸収した。それらの果てに、二〇二一年一〇月、第四九回衆議院選挙を迎えた。第Ⅱ部は、そんな「黄昏《たそがれ》を待ちきれなかったミネルヴァの梟」による試行錯誤の記録である。

安全ネットが張られた上でいくら奇抜な曲芸をしようと、人の心は動かない。他人にどう見られようと構わない、退路を断《た》って捨て身で闘う腹を決めた時、その候補者にはどこか常人を超えた凄みが生じる。その覚悟が人の心を打ち、人を動かしていく。政治への不満は世の常だが、最後の最後、舞台の上で裸で闘うのは候補者しかいない。そんな覚悟を決めたすべての人々への敬意とともに、私の経験記を世に問いたい。

未知の時代に踏み出す日本政治

八年弱におよぶ安倍政権という「時間かせぎ」が突然に終止符を打たれ、日本政治はあらためて流動期を迎えている。

少子高齢化はこれからの日本を真綿《まわた》で締めあげていく課題であり、人口減少に対処する万能策は見つからない。増税は有権者からの厳しい批判を受けながら、人気取りの減税策は政権の支持率を下げる。答えを出せない政治への閉塞感がますます高まる一方、政治にできることがますます限られていく、そんな難しい条件のなかに民主政治が投げ込まれていく。

このような政治の行き詰まりを前に、近年、欧米の左派ポピュリズムや「マルクス復権」といった掛け声の下、社会の革命的転換を唱えるラディカルな社会批判が繰り返し論壇を賑《にぎ》やかしてきた。もちろん、このような問題提起の意義は小さくない。それは「もう一つの社会」がありうることを喚起してくれるし、時にわれわれの行動を促すこともある。

しかし、現実と乖離したところで思想がどれだけラディカルさを競おうとも、それ自体にはあまり意味はない。地上から足を離せばいくらでも高く(ラディカルに)飛ぶことができる。しかし、地上から足を離せば地上を変えることはできないのだから。

同時に、だからといって理想を掲げても仕方ないと居直り、現実の「変えられなさ」を受け入れ、それにいかに順応していくかを論じることこそ「大人の流儀」だとする態度も建設的とはいえないだろう。野党の未熟さや社会運動のナイーヴさを腐《くさ》すことに貴重な才能を費やす冷笑主義にも与《くみ》することはできない。答えの見えない時代でも、健全な理想主義は手放さず、人間の進歩を信じる態度を大切にしていきたい。

第Ⅲ部では、政治の本質を示す「悪さ加減の選択」という言葉を熟読玩味《がんみ》した上で、これからの日本政治をめぐるヴィジョンとして、「革新」、アイデンティティ政治、および脱成長コミュニズムの可能性を吟味している。

社会は確実に変わる。しかし、現実の条件や経路依存性を飛び越えて、一足飛びには変わらない。また、変化の幅にも一定の限界があり、その変わり方も時に人々の予想を超える。しかしそのことは、現状の変革に向けた努力の価値をいささかも減じるものではない。凡庸かつ退屈に聞こえても、小さいが確実な変化を求め、それを手繰《たぐ》り寄せる姿勢を大切にしていきたい。

政治家は知性に敬意を、学者は実務家に理解を

現実政治と政治学との関係は、私にとって、時に強い違和感を抱かせる乖離であると同時に、その交錯を求めて自分自身を発奮《はっぷん》させる課題でもあった。

かつてマルクスが「普遍的階級」と位置づけた産業労働者は、戦後日本の経済成長のなかで体制内化し、徐々に自民党体制下へと包摂され、今や「一つの利益集団の運動」(佐々木毅)になってきた。この伝でいえば、かつてマンハイムが「自由に浮動する知識人」と位置づけた学術研究者は、今、どのような「普遍的役割」を担っているのだろうか。

研究者がその公共的役割を失い、その関心事が業界内部の人事や予算獲得に終始するのであれば、それは他の様々な業界同様、「一つの利益集団の運動」と見なされるであろう。

私自身、政治権力による学術共同体への介入には強く抗議してきた。同時に、学術研究者がその知を市民社会に還元せず、学界が浮世離れした人々の閉鎖的空間と見なされたとするならば、そこに新自由主義の「効率性」が押し寄せたり、時の政権からの右派攻勢がかかった際、世論がどれだけ大学知識人を支持するだろうか、またその必要性が認められるだろうか。

他方、大学教員と政治家との「住み分け」は、政治家の劣化をも生み出している。学者の「学問的禁欲」を奇貨《きか》として、政治家の側では、「学者センセはお勉強に籠って遊ばせ」とばかりに、現実政治を切り盛りするのは俺たちだと居直っていく。知性や教養、学問的厳密さといった制約を内側に含み持たない現実政治は、ことごとく緊張と品性を失い、退廃していく。

ここにあって、学術研究と現実政治とのより適切な相互の理解や評価の余地があり、その先に、双方のより生産的な関係の可能性が生じるであろう。現実政治家は知性にもっと敬意を、学者もまた実務家にもっと理解をと願わずにはいられない。

政治と政治学のあいだを拓いて

二〇世紀のイギリスの政治学者、ハロルド・ラスキは、かつて、一八世紀の思想家にして政治家のエドモンド・バークを評して、「彼以上に知性や分析能力に秀でた哲学者や思想家は多く、また彼以上に偉大な影響力を行使した現実政治家も数多くいるが、しかし、現実と思索との中間領域では、彼の卓越さに近づきうる者はいない」と述べたことがあった。

このバーク評価は、二〇世紀前半を通じて、ロシア革命やニューディール、ファシズムとの闘いや第二次大戦後の福祉国家建設にコミットしてきたラスキ自身にもあてはまるものであろう。ラスキもまた、政治家と思想家との「中間領域」を作り出し、そこで自らの才能を燃やした稀有な存在であった。

バークもラスキも学生時代から私の関心を惹いてやまない存在であった。これらの思想家に倣うといえばあまりに不遜だが、私なりに、学術と実践との「中間領域」を切り拓き、それを豊かに拡げていくこと、それによって学術と民主政治に貢献していくこと、そこに自分の役割を見出そうという分不相応な思いを抱きつつある。

理論で培った視座をもって現実を捉え、現実で経験したリアリティをもって理論を問い直す、そのような往復関係を心に留めながら、政治と政治学のあいだを拓いていきたい。

第Ⅰ部　一九九三年体制をめぐって

第1章　一九九三年体制と「3・2・1の法則」
――政治的選択肢の健全な拮抗のために

はじめに

一九九三年の政界再編から三〇年をへて、この間の日本政治を認識するための見取り図をめぐり、ミネルヴァの梟が飛びはじめている。

本章では、次の三つの問題提起を通じて、現代日本政治を掴む認識枠組《フレームワーク》を問うてみたい。第一に、一九九三年の政界再編と自民党分裂を契機として、日本の政治対立は「保革」の二項対立から「保守・旧革新・改革」の三極構造へと変化したこと（一九九三年体制）。第二に、現在の日本政治は「自公・野党（立憲国民社民共産れいわ）・維新」がこの三極を担い、その力関係は二〇一〇年代を通じて「3・2・1」の割合で推移していること（「3・2・1の法則」）。そして最後に、三極それぞれの政策的特徴と支持基盤を踏まえ、ありうべき政権交代の条件を模索してみたい。

1 「保守・旧革新・改革」の三極構造

一九九四年の政治改革以来、日本政治は政権交代可能な二大政党を目指しながら、二〇二二年参院選をへてなお、自民党の「一強」に対し、対抗勢力は民主党系野党と維新とに大きく二分化され、政党対立はぎこちない三極構造を示している。

かつて政治学者の平野浩は、二〇〇〇年代初頭の諸論文で、一九九〇年前後の日本政治における三極構造を指摘している。すなわち、憲法や安全保障をめぐる従来の「保守」と「革新」の対立軸上に、民営化や規制緩和、行政改革を掲げた「ネオ・リベラル」が出現し、それが日本の政党対立を再定義した。その結果、政党の政策的布置は、「伝統的な『保守』および『革新』に『ネオ・リベラル』を加えた三極構造をとるもの」となり、有権者自身の政策的スタンスも三つの極のそれぞれを取り巻いて、濃淡はあるが比較的均等に布置しているというのである。(1) 平野の指摘したこの三極構造は、結局、一九九〇年前後から現在にいたるまで、日本政治を三〇年にわたって規定することになった。

日本政治における「保守・旧革新・改革（ネオ・リベラル）」の三極構造について、その起源は明白であり、一九九三年の政界再編と「非自民保守系改革派」の誕生に遡ることができる。自民党分裂によって、新生党、日本新党、さきがけという保守系三新党が登場し、それらがポスト五五年体制における現状変革の結集軸として「改革」を掲げることになったのである。

これら保守系三新党の性格は、いずれも「非自民保守系改革派」と総称できよう。それは文字通り、「非自民」でありながら「革新系」ではなく「保守系」で、何をもって自民党に対峙するかといえば「改革」を旗印とする勢力であった。その上で三新党は、従来の官僚政治や利益誘導、それにともなう「既得権」や金権腐敗を批判し、公共事業削減、規制緩和、地方分権を唱えていく。

政治学者の蒲島郁夫によれば、一九九三年衆院選で保守系三新党を支持した有権者とは、保守中道的でイデロオギー的に穏健ながら、自民党政治には不満を抱き、政権交代が必要だと感じていた有権者であった。(2)「革新」の掲げる社会主義を望むほど急進的ではないが、「保守」による積年の一党支配にも不満を抱くポスト冷戦期の有権者にとって、「非自民保守系改革派」はその利害や価値観を引き受ける新しい選択肢となっていったのである。

経済学者の正村公宏には、一九九〇年代の三極構造のイメージが典型的に示されている。すなわち、「保守」とはその場しのぎで困難を切り抜ける旧来型の官僚政治であり、それは「日本型システム」の欠陥を放置してきた。他方、「革新」とは季節はずれにも社会主義の革命幻影を追い続ける勢力である。それに対して「改革」は、冷戦崩壊後の日本にあって社会経済システムの構造的変革に乗りだす勢力なのであった。(3)

2　二大政党制の企図と三極構造の現実

「保守・旧革新・改革」の三極構造をもたらした一九九三年の政界再編は、同時に、小選挙区制によって二大政党をもたらそうとする「平成デモクラシー」の起源でもあった。人為的に競争的な二大政党制を作り上げようとする「平成デモクラシー」の企図と、社会の有権者に根を張る三極構造の現実とは、どのように折りあってきたのだろうか？

政治改革は多様な論者がそれぞれの期待や理想を胸に参画したプロジェクトであった。その結果、小選挙区制を導入すれば、どのようなプロセスで、どのような二大政党がもたらされるかについて、政治改革を主導した政治エリートたちは同床異夢であった。

たとえば、政治改革を主導した小沢一郎の見立ては、自民党の肥大化と分裂による「保守二大政党制」であった。小沢によれば、小選挙区制で選挙をやれば自民党は四〇〇前後の議席を得て水ぶくれする。「そうすると自民党も内部崩壊し、これに外部的な『これでいいのか』という動きと野党再編がからんで必然的に二大政党にいくと思う」(4)。当時の小沢は、政党政治を飴細工《あめ》のように操れるという万能感に満ちている。

他方、政治学者の山口二郎による政治改革へのコミットは、イギリスの保守党と労働党をモデルとした、「保守vs中道左派」の二大政党制に期待をかけるものであった。かねてから社会党の現実路線化を主張してきた山口が、民主党結党後はそのリベラル化に向けて活発な提言を行ってきたのは周知の通りである。

これに対し、民間政治臨調の内田健三の見通しは、小選挙区での対立図式は「自民党vs保守系無所属vs革新系」の三つ巴《みどもえ》を含み、衆院選を繰り返すなかでどれか一つが淘汰され、「イギリスのような保守党対労働党的なパターン」か、「アメリカ的な共和党対民主党的なパターン」かに収斂するというものであった(5)。

ことほど左様に、小選挙区制が二大政党を招くといっても、それにいたるプロセスや対立構図の中身については、それぞれの理想図が交錯していたのである。

政治改革以降の日本政治は、たしかに内田が指摘したように、「自民党vs保守系無所属vs革新系」の三つ巴の様相を示していった。しかし、一九九六年以降、小選挙区制で九回の衆院選を繰り返しても、三つの選択肢が二つに絞られることはなかった。政党も有権者も、その利害や価値観を表出させる選択肢を二つに収斂させられず、二大政党制を目指した制度の下で、なお三極構造が継続されているのである。

政治学者の升味準之輔はかつて、一九五五年にできた政治的均衡を「五五年体制」と名づけた。いわく、いくつかの川が一九五五年に大きなダムに集約されて政治的均衡を見た。いつかこのダムは決壊して水は放出するだろうが、「現在は一九五五年のダムのなかにある」と(6)。

果たして、一九九三年にダムは決壊して水は奔流となりほとばしった。しかし、この三〇年間を振り返ると、統制なく渦巻く激流のなかにも、それを整理するパターンが浮かび上がる。すなわち、一九九三年以降の日本政治は「保守・旧革新・改革」の三極にまとめられ、実際にそれを担う政党のラベルは変遷してきたし、無視しえぬ例外もあるものの、この三極構造は政策的布置と力関係において、現在まで大きく変わっていない。この「保守・旧革新・改革」の三極構造を、「五五年体制」のひそみに倣い、「一九九三年体制」と名づけてみたい誘惑に駆られるのは、けだし政治学者として必然であろう。

3 「3・2・1の法則」

政界再編が生み出した三極構造は、二〇一二年以降、「保守」を占める自民党に対して「リベラル（旧革新）」と「ネオ・リベラル（改革）」が対峙する形で、ほぼ固定的な力関係の下に推移している。

二〇二一年衆院選では、立憲と共産は小選挙区での候補者一本化を図る野党共闘によって自民党との一騎打ちに持ち込み、これによってようやく、政党対立は自公と野党共闘による二大政党ブロックへ収斂するかと思われた。しかし結果は予想に反し、立憲や共産は後退、自民は持ちこたえる反面、維新が一一議席から四一議席へと躍進した。このことは、日本社会に「改革」を支持する世論がなお根強いことを窺わせる。

維新の更なる躍進が見込まれた二〇二二年参院選は、しかし、自民の安定的な勝利の前に維新は

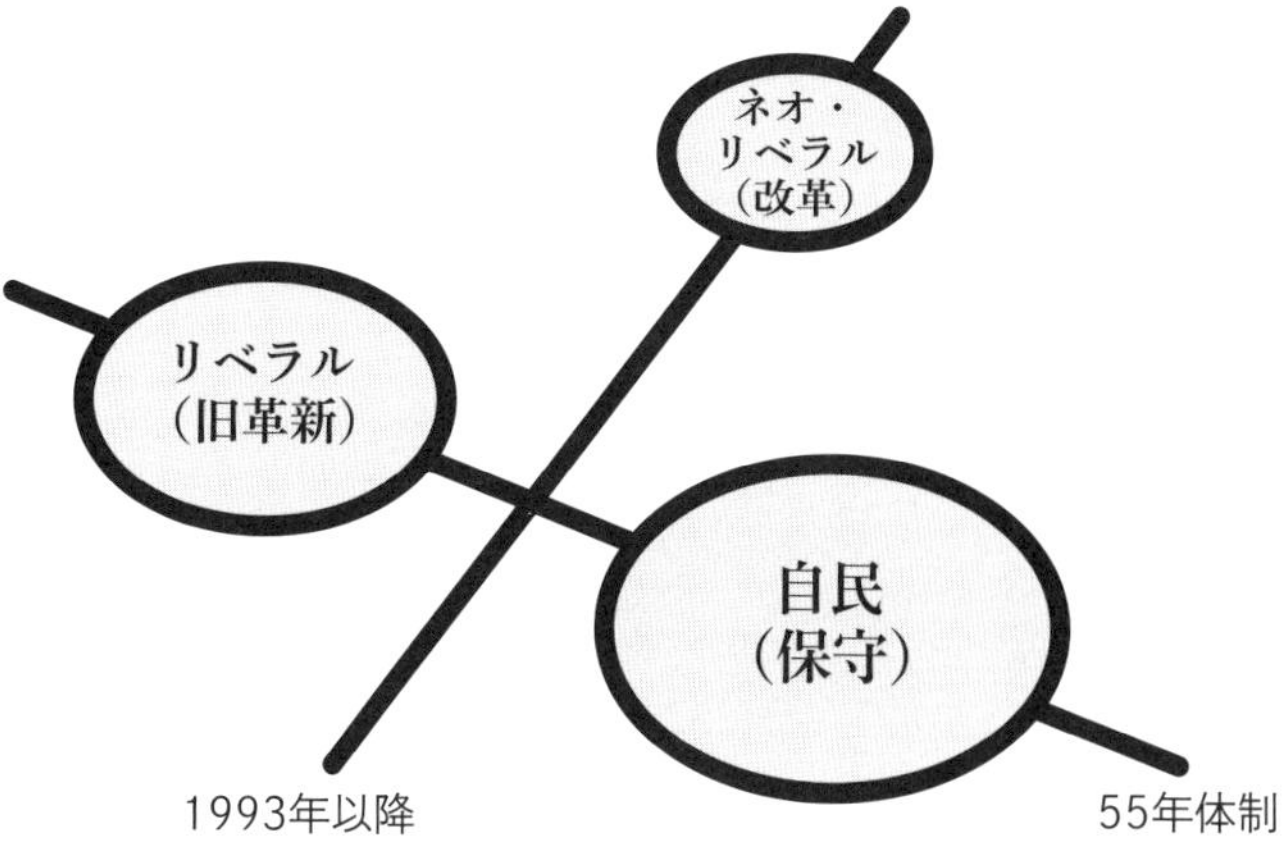

■現代日本政治の三極構造

依然として関西中心の勢力圏を突破できず、頭一つ抜き出た自民に二つの野党が対峙する三極構造が続いている。

二〇二二年参院選の比例における得票数を見ると、自公は二四四四万、野党(立国社共れ)は一七一三万、維新は七八五万となり、この割合はそのまま「3・2・1」となる。この力関係には、二〇一〇年代を通じて大きな変化はなかった。すなわち、二〇一二年衆院選以降、都合八回の国政選挙の比例得票数を見ても、この三極構造は「3・2・1の法則」とでも呼ぶべき安定的力関係のまま推移しているのである。

4　遠心する「二つの野党」

「自公・野党・維新」の三極構造の根強さには、それぞれが固有の政策的特性をもって社会の有権者を確実に代表してきた背景があろう。ここでは、三極それぞれの政策的特徴と支持基盤を確認しておきたい。

立憲を中心とする野党ブロックの政策的特徴は、二〇二一年衆院選に即した場合、次の三つであろう。第一に立憲主義の擁護であり、これは諸野党を繋ぐ蝶番《ちょうつがい》の役割を果たした。第二に、選択的夫婦別姓やLGBTQなど性的少数派の権利向上といったアイデンティティ政治であり、これは自民との差異化を図るメルクマールとなった。第三に社会保障であり、経済成長によって国民生活を上から引っ張る自民に対して、立憲は政府が社会保障で生活を下から支える福祉政策を打ち出していった。

また、立憲や国民はその支持基盤として連合という強い応援団を共有しており、その支援は民主党系政党が維新に対して持つ大きなアドバンテージであった(7)。

他方、「改革」の政策的布置について、それを担う政治勢力は変遷してきたが、現在は維新が占めている。

二〇一〇年に結成された大阪維新の会は、二〇一二年に国政参入し、「改革勢力」としての存在感を示してきた。左派やリベラルからすれば、維新は憲法改正や核共有の議論を先導する点で「自民の補完勢力」とされる。しかし、タカ派的争点での維新と自民との類似性に着目するあまり、行政の再定義をめぐる双方の実体的差異を見逃してはならない。

橋下徹は維新と自民との対立軸を「動と静」という言葉で説明している(8)。すなわち、五五年体制下で自民党が構築してきた「行政＝事業者との利益依存構造」を静的に維持するのか、それともそれら既存の利益依存構造を攪乱《かくらん》させ、行政から供給される便宜を動的に流動化させるのかという違いこそ、現代日本の最大の政治対立軸だというのである。

保守勢力内部のこのような分岐に基づき、維新は次のような政策的独自性を持っている。第一に規制改革であり、自民党と結託する業界団体の行政への依存や寄生を、しがらみのない「改革」野党が世論の支持を受けて打破しなければならない。第二に行政の透明性や公平性であり、既存の利益配分のあり方を流動化するということは、補助金の分配にあたり新しく客観的なルールを確立することと同義であった。第三に統治機構改革であり、大阪都構想から道州制にいたる行政機構の変革は維新のアイデンティティであった。

このような「改革」野党が自らの支持基盤と目するのが、組織に属さず、これまでの利益配分の回路から外れた人々、すなわち無党派層である。橋下によれば、業界団体にも労働組合にも属していない人々が今や有権者の七割に達しており、「改革」野党は、自らの利害を表明できないこれらの人々の支持を背に受けて、自民党に対抗する「動の政治」に乗り出さねばならないのであった。

5　「自民一強」の二面性

立憲と維新とのあいだに遠心力が働く反面、自民党はその双方の政策的布置を併呑《へいどん》する二面性に特徴がある。

自民は内部に規制緩和による経済成長を信奉する政治家も抱えており、一面では維新と通じる「改革」の側面がある。菅義偉と維新とはこの点で親和性が高く、たとえば松井一郎にとって「菅さんという政治家は、一言でいうとブレない改革派」[9]であった。今後、少子高齢化にともない否応なく直面する行政改革や有権者における税負担への禁忌感を踏まえれば、「改革」は今後も一定の民意の支持を取りつけていくであろう。

他方、安倍政権は総じて、一九九〇年代以降の自民党を股裂きにしてきた利益誘導と新自由主義との葛藤をアベノミクスによって一時的に不可視化しながら、女性活躍の推進や労働者の賃上げ要求など、結果的に「社会民主主義的な政策」にすら取り組んできた。コロナ禍は、財政出動や医療体制の確立をめぐり各国政府に行政機能の強化を求め、日本でも「大きな政府」を容認、期待する「合意」が形成されていった。このような趨勢を受け、二〇二一年一〇月、岸田首相は「小泉改革以降の新自由主義的政策からの転換」を指摘し、成長に分配を加えた「新しい資本主義」を唱えるにいたる。

総じて自民党には、消費者や無党派層の要求に応える「ネオ・リベラル（改革）」な側面と、必要に応じて行政の機能強化を肯定する「リベラル（旧革新）」な側面との双方があり、その捉えどころのない二面性こそ、結果的に長期安定をもたらした要因の一つではないだろうか。

6　平成における政権交代の成立条件

自民党に対して野党と維新が「3・2・1」の力関係で並立する現在、どうすれば政治的選択肢の健全な拮抗、競争的な政治を復権させることが可能なのだろうか？

そのための条件を探りに、平成年間におきた二回の政権交代、すなわち細川政権（一九九三年）と民主党政権（二〇〇九〜二〇一二年）の形を確認しよう。

細川政権と民主党政権の成立には、四つの共通点を指摘できる。まず（1）自民党を割って出た「非自民保守系改革派」の政局における主導性、（2）旧革新の支持母体である連合の支援であり、おそらくこの二つは日本での政権交代の必須条件といえよう。その上で、（3）自民党の内紛や敵失、（4）共産党の好意的中立が揃った時に、政権交代が生じてきた。

細川政権の場合、小沢や羽田孜ら自民党を飛び出した「改革派」の主導性によって、公明党や社会党までを包摂する連立枠組が形成された。細川護煕という名役者を頭に頂きながら、しかし、八党派連立を組織的に支えたのは連合であった。細川政権とは、自民党分裂による「保守第二政党」という構想と、拡大版「社公民路線」を求めた連合の模索とが、時代の転換期のなかで交錯合体した結果であったといえよう。

民主党政権もまた、鳩山由紀夫や小沢など自民党出身の政治家と、菅直人や社会党グループなど旧革新系との政局における融合の結果であった。ポスト小泉期の自民党の政権担当能力に疑問符がつくなか、民主党政権の構成は「非自民非共産」すべてをまとめ上げた混然一体であり、それらを支えた組織的基盤は、全国七〇〇万の組合員を誇る連合であった。

保守系出自の穏健な「改革勢力」とリベラル系の政治家とがまとまり、「非自民非共産」の全勢力を統合させた上で、それを連合が支え、共産党は中立を維持する。民意がそれを政権選択肢として認知し、行政と外交を委ねる一票を託す。この構図を、いかにボトムアップで、それぞれの当事者の同意や納得を得て作りあげられるかに、少なくとも平成年間の政権交代の条件はあった。この事実は、与野党の拮抗を立て直す上で、一つの教訓を示していよう。

7　来たるべき政権交代の可能性

これからの政権交代を見据え、野党はどうすべきか、私見を述べたい。第一に、「3・2・1」の力関係を前提とすれば、単純に考えて、「リベラル」と「改革」を結合させる「2＋1＝3」のアプローチがあろう。

もとよりこれは、立憲と維新との政党合流を意味するものでは毛頭なく、立憲が「改革」志向の政策群を包摂していくことであろう。平成年間、「改革」は確実に有権者の支持を集め、社会の「同意」を獲得してきた。少子高齢化を与件とすれば、公共インフラの整理統合や議員の定数見直し、規制緩和による生活向上の実感など、時代の変化にあわせた行政の役割の再定義は避けて通れない。野党には、政府の役割のうち何を大きくし何を小さくすべきかについての明確で一貫した基準を打ち立てることが求められる。

第二に、「3・2・1」の外側にいる4、すなわち特定の支持政党を持たない無党派層を再び政治の回路に取り込むことである。そしてこの必要性は、組織の基礎票で自民党に劣る野党にとって、一段と死活的である。

現在の低投票率の下では、選挙はいきおい自民党の業界団体と野党の労働組合との組織票における力比べになってしまう。「選挙は内輪《うちわ》の営みになったら負ける」というが、ある意味、現在の選挙は与野党双方の支持組織や支援団体による「巨大な内輪」の営みになっており、それらの中間団体とは無縁な無党派層は選挙というイベントの外側でシラケるという状況が生まれかねない。これは議会制民主主義にとって危機であろう。

野党が自民党と比肩するためには、労働組合と無党派層をブリッジする政治的工夫と訴求力が必須となる。もちろん、時に労働組合の利益と無党派層の利益とが政策的に相反することもある。それゆえ、双方の利益を一段高いところで再結合させるパッケージが必要になろう。労働組合が非正規雇用を含めてより多くの労働者の要求を包摂すると同時に、政党は労働組合との協力関係を通じながら、組織に属さない人々にとっても意義を感じられる「社会の公器」へと更なる変貌をとげなければならない。

もちろん、「言うは易し、行うは難し」。人口減少と少子高齢化、世代交代による有権者の地殻変動、アメリカの衰退と権威主義体制の台頭など、時代はさらなる不確実性に突入していく。しかし、新しい時代に適応する果敢な自己刷新のみが、不確実な未来を生き残ることだけはたしかである。

（1）平野浩「政治的対立軸の認知構造と政党 - 有権者関係」『レヴァイアサン』木鐸社、二〇〇四年秋（三五号）、九九頁。
（2）蒲島郁夫『戦後政治の軌跡――自民党システムの形成と変容』岩波書店、二〇〇四年、二〇五頁。
（3）正村公宏『改革とは何か――どのような社会をめざすのか』ちくま新書、一九九七年、三二一―三三頁。
（4）小沢一郎「政治改革やらねば総選挙がやれない」、松下政経塾魁の会『２０１０年霞ヶ関物語』二期出版、一九九一年、一八六―一八七頁。
（5）内田健三「政権交代可能な政治を――選挙制度改革の目指すもの」、松下政経塾魁の会『２０１０年霞ヶ関物語』二期出版、一九九一年、一七五―一七六頁。
（6）升味準之輔「１９５５年の政治体制」『思想』岩波書店、一九六四年六月号、五五頁。
（7）中北浩爾の発言、山口二郎・中北浩爾・住沢博紀「野党はポスト安倍・菅の新しい政治サイクルにどのように

立ち向かうべきか　深掘り対談――２０２１年秋総選挙の帰結と展望」『季刊　現代の理論』現代の理論編集委員会、第二九号、二〇二二年二月六日。

（8）橋下徹『政権奪取論――強い野党の作り方』朝日新書、二〇一八年、二九二―二九三頁。

（9）松井一郎「憲法改正と『議員特権』打破　大阪都構想に学べ　憲法改正」『Hanada』飛鳥新社、二〇二〇年一二月号、八四頁。

第2章　一九九三年体制と「平成デモクラシー」
――三極構造の現実と二大政党制の企図

はじめに

一九九三年の政界再編から三〇年をへて、この間の日本政治の混迷を整理する認識枠組《フレームワーク》として、筆者は第1章で「一九九三年体制」と「3・2・1の法則」という視点を示した。

一九九三年の自民党分裂により、それまでの「保守」と「革新」に加えて「改革」が新たに政治的選択肢に加わった。「改革」の顕在化の端緒は、一九九三年に自民党を割って出た保守系三新党、すなわち新生党、さきがけ、日本新党であり、これらは「非自民保守系改革派」と総称できる。それは文字通り、「非自民」でありながら「保守系」で、何をもって自民党に対峙するかといえば「改革」を旗印とする勢力であった。

以降、三〇年間にわたり、「保守・旧革新・改革」の三極が日本政治の政治的選択肢を作ることになり、筆者はこの三極構造を「一九九三年体制」と名づけてきた。

「保守・旧革新・改革」の三極構造をもたらした一九九三年の政界再編は、同時に、小選挙区制によって競争的二大政党制をもたらそうとする政治改革の一大局面でもあった。小選挙区制、二大政党制、政権交代という一連の制度改革に基づいて日本政治の改造を目指した試みは、現在、「平成デモクラシー」と総称されている。(1)

一九九四年の選挙制度改革によって、平成年間の日本政治には、三極構造の選択肢が顕在化する現実の上に、それを二つに収斂させようとする制度的圧力が加わる特殊な構造が生じることになった。本章では、二大政党の人為的創出を目指した「平成デモクラシー」の議論の軌跡を捉え返し、それが日本社会に根を張る三極構造の現実とどのように折りあってきたのかを考えてみたい。

1　政治空間・政党・議員内閣制

丸山眞男をはじめとする戦後政治学の関心が民主主義を支える能動的な主権者の育成にあったとすれば、一九八〇年代中旬以降、自民党の長期一党支配とその限界が明らかになるにつれ、政治学の関心は「政権交代の可能性の追求」へ向けられ、そのための「制度改革論」へと舵を切ったとされる。(2) そのような論陣を主導した政治学者に佐々木毅がおり、以下、佐々木の言論に即して、「平成デモクラシー」の狙いを振り返りたい。

元来、佐々木が日本政治に求めたものは、「政治空間（政治的意味空間）」の復活、政党の新生、そして議院内閣制の実体化であった。

佐々木は、一九八六年の論文「分断的政治システムに代る『政治空間』を求めて」において「政治空間」を「政治家を含め国民が多かれ少なかれ共有する、政治や政策の基本原則や理念、イデオロギーなどからなる意味空間[3]」と定義している。

この空間は、一九八七年の著作『いま政治になにが可能か』においては「政治的意味空間」と表現し直されているが、それはすなわち、地元や業界などの個別的利益から解放された政治家と、一人ひとりが主体的に判断する有権者とによって、政治の理念や争点をめぐり公開の原則の下で議論と説得が行われる意思決定の空間といえよう。

このような「政治空間（政治的意味空間）」を創出する条件が「政治主導」であり、そのために政党の新生に期待がかけられた。選挙制度の改革によって派閥や有力政治家の属人的政治を克服し、政党の凝集性とアイデンティティの確立を強力に促すことが求められたのである。

政党の新生は、議院内閣制の実体化、すなわち政権与党が民意を背景に行政を掌握する政治システムの活性化につながる。

佐々木によれば、第二次大戦後の政治体制は、憲法に記された「顕教」としては内閣が国会の信任を得て権力を行使するシステムであったが、実際の政治運営を司る「密教」においては、「憲法にその権限の規定のない役所に権力が集中し、個々の政治家や利益集団はその権力への接近を求めて日々角逐《かくちく》・競争」するのが実態であった。すなわち、「顕教によれば議会制であったが、密教によれば実は官主導であった」[4]。このような「密教」の下で、政治は経済利害の調整に矮小化されていったのである。

そこにあって「平成デモクラシー」とは、「この顕教と密教との二重構造を顕教優位の方向で一元化すること」であり、密教体制に固有の秘匿性を排し、透明で公正なルールの下、明確な支持と権限を背景にした政権与党に依拠してダイナミックな統治システムを構築することであった。

議院内閣制を額面通りに機能させるためには、政治家の心構えを論じるだけでは不十分であり、ここに制度改革の必要性が生じる。その最大の焦点は衆議院の選挙制度の変革であり、中選挙区制に対する批判は佐々木において一貫したものだった。

佐々木によれば、中選挙区制は自民党候補による地元への利益誘導によって政策中心の競争を阻害し、「政治空間」を解体させる原因となっている。野党も独自性に固執して分裂が固定化し、政権交代は遠ざかる。「一言でいえば、中選挙区制は与党を腐敗させるとともに、野党を頽廃させる温床」[5]であった。

しかし留意すべきは、一九八〇年代中旬、中選挙区制の代案として佐々木が提示したのは比例代表制の導入であった。

比例代表制の下で選挙は「個人間の闘い」から「政党間の闘い」へ移行し、政党と政策との関係は不可分となる。各党は「政治空間」のなかで独自性を確立し、政治社会全体の理念をめぐり競合しつつ、有権者も地元政治家に対する「タカリの心理」からの脱却を迫られる。「比例代表制は政党を政党らしく、政治家を政治家らしくしつつ、『政治の集中』を実現し、それによって『地元の面倒』を中心に形づくられてきた政治文化を大きく変える効果を持つ[6]」とされたのである。

2 「平成デモクラシー」の議論の収斂

しかし、政治改革の議論の方向に少なからぬ影響を与えたのが、一九八九年参院選における一人区での社会党の圧勝であった。消費税反対を掲げた社会党が土井たか子を先頭に「マドンナ旋風」を起こし、二六の一人区のうち二三を獲得したのである。

佐々木自身、「この社会党の大勝は政治改革大綱のその後の運命にかなり大きな影響を及ぼすことになる、歴史の『あや』とアイロニーであった」という。すなわち、参議院の一人区で社会党が健闘したことをもって、「ここから、小選挙区制は政権の固定化をもたらすのではなく、政権交代の制度的条件ではないかという認識が生まれてくる[7]」のであり、「政権交代」という言葉が期待感とともに急浮上したという。

一九九〇年代に入ると、中選挙区制廃止を基軸とした政治改革の機運は加速していく。財界人や学者を中心にして一九九二年四月に発足した「政治改革推進協議会（民間政治臨調）」は、政治改革のための国民運動を演出し、選挙制度改革をめぐる与野党の合意形成の舞台を提供していく。

一九九二年一一月には日比谷公園で「政治改革を求める国民集会」が開催され、およそ八〇名の与野党国会議員と約四〇〇〇〇名の聴衆によって、集会のクライマックスでは「中選挙区廃止宣言」が高らかに唱和された。

一九八九年参院選をへて、制度改革に向けた佐々木の提言にも微妙な変化が現れる。佐々木は『政治はどこへ向かうのか』（一九九二年）において、中選挙区制廃止は一貫しているものの、新たな選挙制度としては「比例代表制にするか小選挙区制にするかはそれから〔中選挙区制廃止の結論後に〕議論すればよいであろう」[8]と微修正している。

結局、新たな選挙制度として民間政治臨調が提唱したのは小選挙区比例代表連用制であり、この案自体は実現しなかったものの、選挙区の小選挙区への組みかえは既定路線となった。それによって、マニフェストに基づく「政策の選択」、各党の党首を首相候補とする「首相の選択」、それらがあいまって有権者が「政権の選択」を決する「三位一体の選挙戦」が可能になるとされた[9]。

小選挙区制に重ねて、一九九三年六月、民間政治臨調は「民間政治改革大綱」を発表し、「『ソフトな二大政党制』もしくは『二大政党ブロック制』の実現を目標とすべき」と提言。これらの要請によって、「小選挙区制・二大政党制・政権交代」という三つの課題をコロラリーとして掲げた「平成デモクラシー」の議論の型が定まっていったといえる。

このような圧力を受けながら、一九九四年一月、細川政権は政治改革関連法案を可決。一九八九年のリクルート事件以来、政治改革運動はおよそ五年の歳月をへて小選挙区比例代表並立制と政党助成金の導入に帰結することになった。

3　小選挙区制の役割の変化？

第二次大戦後の日本政治において、元来、小選挙区制は自民党政権を強化するための手段として認識されてきた。一九五六年に鳩山一郎政権が、一九七三年には田中角栄政権が小選挙区導入を企図したが、いずれの場合も野党の強い反対で失敗に終わってきた。

しかし、自民党による「政治改革大綱」（一九八九年）は、小選挙区制の位置づけを大きく読み替えることになった。すなわち、小選挙区制を導入すれば、自民党内の派閥抗争が減退して利益誘導や金権腐敗がなくなり、政党間競争が強まって政権交代が生じやすくなるとされた。中北浩爾によれば、「こうして小選挙区制は、自民党政権を継続するための手段ではなく、政権交代が起きうるほどまでに政党間競争を強めるための手段として位置づけられるようになったのである(10)」。

これに加えて一九八九年参院選は、一人区での社会党の圧勝によって、小選挙区の制度的機能の意味づけを一八〇度転換させたという。すなわち、小選挙区制こそ与野党のドミノ倒しのような勢力逆転を生む、という理屈を傍証するものとされたのである。

このような論理にしたがえば、一九八九年をもって小選挙区制の役割は変化したことになる。しかし、それまで「政権の固定化」をもたらすとされた小選挙区制が、たった一回の選挙で「政権交代の制度的条件」へと真逆に転換されたのは、制度改革の根拠としてはあまりに拙速に映る。

事実、一九八九年参院選は異例の選挙であった。それは消費税をテーマにした「争点選挙」であり、社会党が支持されたというより消費税が拒否された選挙であった。また、三宅一郎によれば、一九八九年参院選は比例得票でも当選議席数でも「保革逆転」をもたらしたものの、その趨勢は一時的なものであり、「八九年の参議院選挙は『数』の上では一時的な『逸脱選挙』であった」[11]。一九八九年参院選における社会党の躍進をもって「小選挙区制は政権交代をもたらす」とした推測は、例外的な「逸脱選挙」を過剰に一般化し、そこから一面的な教訓を引き出したものではなかっただろうか。

むしろ、元来、小選挙区制は自民党政権を強化するための手段とされていたことに鑑みれば、一部の政治家や財界人にとって、建前的には社会党の「例外的な勝利」を奇貨《きか》として、実質的には保守一党支配を強固にするために、一九八九年参院選を小選挙区制導入のための口実として援用しようとしたのではないか、という疑義が生じても無理からぬことであろう。

小選挙区制が一党支配に帰結する可能性は、政治改革の喧騒のなかでは十分に議論されなかったが、その理由として杉田敦は、学者やジャーナリストたちの「小選挙区制なら二大政党になる」という割合素朴な信仰に加えて、「一部の政治家に関しては、本当の目的（一党支配）を隠していたということかもしれない」[12]と指摘している。小選挙区制の導入は、保守支配の拡大を内に秘めた政治家の巧みな「悪意」と、政権交代を純粋に求めた評論家たちの「善意」とが共振した先に導かれたものといえるかもしれない。

もとより、小選挙区制が一党支配をもたらすと警鐘した議論はたしかに存在している。

たとえば佐藤誠三郎によれば、小選挙区制の下で二大政党システムが発達するためには全国的組織を有する政党が二つ必要だが、日本には自民党に対抗できる組織力を持った政党が不在である。政党組織の弱い日本社会では、小選挙区制は現職有利に作用し、したがって現職議員を最も多く擁する自民党の優位をもたらす。議員が政権与党に所属することを求める有権者の期待圧力が強化され、これも政治家を自民党に包摂させる。これらの理由から、小選挙区制は「自民党一党優位政党システムの再生」をもたらすとされた(13)。

政治改革に対して一貫して醒《さ》めた眼を向けてきた杉田敦もまた、小選挙区制が「二を通り越して一になること、つまり一党支配につながることもありうる(14)」と指摘している。欧米と異なり日本では有権者の党派的帰属意識は弱く、政党に対する信用度も低い。日本ではむしろ、地方の首長選挙などに示されるように、定数一の選挙では「全党相乗り的になりがち」であり、「一党優位的」な政治を招きやすい。街を二分する対立選挙を好まず、党派性を嫌う構造や政治文化は「デュヴェルジェとかサルトーリなどといった人たちの与り知らぬこと」なのであった。

4 政治改革が求めた「改革野党」

小選挙区制から二大政党への道筋を描いた「平成デモクラシー」は、佐々木毅によれば、第一義的には「『決め方』の仕組みの改革」であった。すなわちそれは、二大政党の政策理念やイデオロギーへの関与ではなく、あくまで主要政党の数を二つにするための制度改革論だとされた。

待鳥聡史はさらに、政治改革は「決め方の改革」であり、改革によってもたらされた制度は「新自由主義だろうが社会民主主義だろうが、どんな政策とでも結びつき得るもの」[15]であるという。すなわち、政治改革は「新しいお皿」を作ったのであり、そこに盛り付ける「料理」とは無関係だったというのである。

しかし、「政治改革＝『決め方』の仕組みの改革」という言葉を額面通りに受けとめるのはいささかナイーヴであろう。政治改革の主導者のなかで、自民党に対抗するもう一つの政党の姿をめぐって独自の理想がなかったわけではない。

たとえば、佐々木毅に即して見れば、一九八〇年代、日本の市場改革を迫るアメリカからの圧力が「横からの入力」と位置づけられ、それが日本における「健全な改革野党」を担ってきたとして肯定的に論じられてきた。

官僚主導の護送船団方式に基づく産業運営に対し、五五年体制下では正面からその打破に挑む野党はいなかった。ここにあって、日本の市場開放を要求し、不透明な非関税障壁の撤廃を求め、労働市場の流動化を要求するアメリカの「横からの入力」は、本来なら日本政治の内側から生ずべき「改革勢力」を代替するものであった。日本の政治経済システムが硬直化するにつれ、「官僚制を中心に構築された体制の閉鎖性や異質性を告発する野党機能をアメリカが担った」[16]のである。

アメリカからの圧力を「日本の健全野党」とする佐々木の評価は、現実の日本の野党、すなわち社会党への不満や諦めと表裏一体になっていた。佐々木によれば、「社会党の口にする社民主義」とは、結局、経済成長を前提としてその枠内での取り分に関わる議論にすぎない。むしろ、「規制緩和といった構造改革に由来する失業問題といったものへの抵抗から、社民主義は『改革』そのものに反対する現状維持の議論になり果て得るのである(17)」。

それゆえ、自民党内の「改革派」と「守旧派」との抗争にあっては、社会党は結局、「守旧派」と共振するという。「野党は自民党内で改革に熱心な人々の味方になるように見えながら、しばしば『きれいな解答』を出すことによって結果的には改革に反対な人々の援助者になるというのも、『敵の敵は味方』ということで、別に意外ではない(18)」。佐々木は、「改革」を担う野党を思い描くにあたって、社会党に期待していなかったのは明白である。

政治改革に参画した財界人や学者の理想は同床異夢だったものの、そのメインストリームが想定した二大政党のあり方は、総じて、社会党の衰退、保守系政党の全面化、その延長線上としての「保守二大政党制」であったといえよう。

自民党に対抗する「(保守系)改革型野党」の構想は、財界を中心に長年にわたって抱かれてきた。この趨勢は、一九九〇年代に入り、冷戦の終焉や経済のグローバル化のなかで現実味を帯びていく。その戦略的見通しは、「本命与党」としての自民党を温存させたまま、自民党内の大派閥を党外化させ、社会党の解体をへて、自民党離党組と民社党や公明党など既成野党とを集約再編するかたちで保守系野党を形成すべきというものであった。

一九九〇年代初頭の「保守二党論の理屈」とは、「自民党を割ってA党とB党をつくり（あるいはそれらに現在の野党の一部が合体して）、二党が交互に政権を担当するようにすればいい」というものであり、「そのための手段としての小選挙区制」が位置づけられたといえる。[19]

これらを踏まえると、政治改革を純然たる「決め方の改革」とする認識は妥当性を欠くといえよう。佐々木が求めた「健全な野党機能」とは、日本の規制行政や官僚政治を打破する「改革型野党」であった。民間政治臨調の基本線もそれに沿うものであった。そこには、主要な政治勢力の数を二つにするという制度改革論と並んで、新たに作り出される「政権交代可能な政党」の方向性をめぐり、一つの政策的方向性へのコミットメントが明確に存在したのである。その意味で、「お皿」はその上に乗る「料理」のあり方を滑り込ませながら論じられたといえよう。

5　新進党の挫折

制度改革による「改革野党」の創出を託されて、困ったのは政党の側であった。平成年間の日本政治は、自民党に対抗する野党第一党の形をめぐって政党が模索を続けてきた三〇年間だったといっても過言ではない。

一九九四年一二月に結成された新進党は、政治改革の求めに応じた政党側からの一つの応答であった。細川・羽田政権を支えた新生党や公明党、民社党などは、一九九四年六月に下野後、来たる小選挙区制での衆院選に備えるため新進党を結党。党首に海部俊樹、幹事長に小沢一郎が就き、結党時の議席数は衆参あわせて二一四議席。自民党に比肩する巨大な保守系野党の誕生であった。

新進党結党に参画した船田元は当時を回顧し、「結党時は自民党に代わる保守・中道政党ができたと思った」としながら、「公明党を支援する創価学会、民社党を支持する民間労組、そして保守中道の顔。票集めの意味で組み合わせは理想的だった[20]」としている。

自民党出身者と民間産別、創価学会の結集による政党創出という成り行きは、大嶽秀夫によれば、「政策的にそれほど異質なものが集まったという印象はもたなかった」。なぜなら、この三者の組みあわせは中曽根政権期の第二臨調と相似形であった。「第二臨調の構造というのは、自民党のなかの新保守的なグループと民社、公明が一緒になって、自民党内部の利権的な部分と社会党が代表した官公労の甘えの体質を批判するという構図」であり、したがって、「自民、新進の対抗というのは、第二臨調のときの構造、勢力と基本的には同じだと思っていた[21]」という。

一九九六年衆院選において、新進党は三六一人の候補者を擁立。これは当時の衆議院議席総数五〇〇の過半数を優に超える候補者数であり、単独政権を目指す姿勢を示したものだった。民間政治臨調を改組した二一世紀臨調も、この点を「政権選択選挙の条件を基本的に充たす動き」として高く評価している。

しかし新進党は結局、自民党出身者と民間産別、創価学会という出身母体の壁を乗り越えることができなかった。旗印として掲げた行政改革も、解雇規制の見直しを含む企業再編に踏み込めば民間労組も消極姿勢に転じ、政策面で齟齬《そご》が生じるようになった。自民党からは創価学会への激しい攻撃を加えられ、自民党離党組の内部でも小沢の強引な党運営をめぐり「近親憎悪」型の対立が広がった。結党から三年をへた一九九七年一二月、小沢は新進党の解党を宣言する。

新進党の挫折は、政治改革にとって大きな誤算であった。二一世紀臨調は小選挙区制の機能不全を新進党の無責任な解体に求め、それを「政治の混乱の最大の原因」と断じた。佐々木にとっても新進党の解体は致命的であり、これによって政党政治の仕組みそのものが壊れてしまったという。

6　民主党の成長

新進党の失敗と比較した民主党の成長の理由は、山本健太郎によれば、その政策的凝集性の低さ（曖昧さ）と政権獲得可能性の高さに求められる。すなわち、新進党は「保守政党としての色合いをはっきりさせる戦略」をとったのに対し、民主党は「政策を敢えて曖昧にすることで、幅広いウイングを持つ議員を党内につなぎとめることに成功した」という。(22)

民主党政権の形成は、鳩山由紀夫や小沢一郎など自民党出身の政治家と、菅直人や社会党グループなど旧革新系との政局における融合の結果であった。ポスト小泉期の自民党の政権担当能力に疑問符がつくなか、民主党政権の構成は「非自民・非共産」のすべてをまとめ上げた混然一体であり、それらを支えた組織的基盤は全国七〇〇万の組合員を誇る連合であった。

一九九六年の結成時、旧民主党に参加した衆参五七人の国会議員は、大半が社民党と新党さきがけからの参加であった。一九九六年衆院選に際して、民主党の選挙を支えたのは自治労と全電通であり、選挙区内の支持基盤が弱い若手を中心に、多くの議員が連合傘下の労働組合に支えられるという「かつての社会党にも似た構図」（薬師寺克行）ができていった。

その反面、民主党は一九九八年に新進党を、二〇〇三年には自由党を事実上吸収し、自民党を離党した「保守系改革派」の比率を高めていく。また、「政治の生産性を高める」という松下幸之助の経営的行政観を土台とした松下政経塾もまた、民主党の主要な人材輩出源の一つとなり、「改革政党」としての民主党の特徴を強めたといえる。

「旧革新」と「改革」との雑居状況のなか、二〇〇六年四月、小沢の代表就任は政権交代に向けて民主党の多様性をまとめあげることになった。小沢の強みは自民党出身者ながら労働組合に偏見がなく、田中派で鍛えた人間関係の構築術をもって連合に接近し、一体となって運動や選挙に取り組む体制を作ったところにあろう。

代表就任後の小沢は、二〇〇七年春、連合の高木剛会長とともに全国の地方連合会をまわり、会議や酒席をともにしては組合員との親睦《しんぼく》を深めた。高木会長も「今回の選挙にかける意気込みを、小沢さんの口からじかに聞いたことで、地方連合会のみなさんが、一生懸命やるぞという気分がだいぶ高まった(23)」と述べている。

実際、労働組合員の投票率は高く、二〇〇四年参院選を見れば、有権者全体の投票率五七％に対して連合組合員の投票率は八二％であり、有権者全体の民主党への投票率は三〇％のところ、連合組合員のそれは八五％に及んでいる。これらの比率を直接に投票数にあてはめれば、二〇〇四年参院選における民主党の比例得票二一一四万のうち、約四六〇万票程度が連合傘下の組合員によるものと推測される。「民主党の獲得票数の二〇％程度は連合傘下の労働組合に拠るという推測は、決して過大評価ではない(24)」のである。

新進党の失敗と民主党の成長からは一つの教訓が導かれる。すなわち、平成年間の政権交代は「(保守系)改革派」だけで成し遂げることはできず、自民党を割って出た保守政治家の政局における主導性と、「旧革新」の支持母体である連合の支援との双方が必要であるということであり、おそらくこの二つは平成年間の政権交代の必須条件であったといえよう。

7 政党政治のこれから――個人と中間団体

一九九三年の政界再編が生み出した「保守・旧革新・改革」の三極構造は、安倍政権が誕生した二〇一二年以降、「自公・民主党系野党・維新」によって担われ、国政選挙の比例得票数を見れば、この三極は「3・2・1」の力関係で推移してきた。堅固な自民の一極を前に、野党は立憲と維新とに遠心力が働いており、日本の政党政治は二大政党とは程遠い現状にある。

「一強多弱」という現実は、政治改革にコミットしてきたどの論者の(公言された)期待や理想とも異なるものであった。制度改革がその目的を達せられていないことをもって、当座、それを失敗と位置づけることは避けられないであろう。

二大政党がシステムとして定着するためには、少なくとも（1）二大政党の双方が社会に安定的な支持基盤を構築し、（2）定期的に政権交代が生じ、（3）いったん政権を担えば五年、八年、一〇年程度の時間幅で行政を担うような状況が反復される必要がある。しかし、このような現象は平成年間の日本には生じなかった。

政治改革の思い描いた二大政党が顕在化しなかった理由は多々あるが、最も構造的な課題として、政党が社会に軸足を持っていないこと、すなわち日本の政党システムが「国家／教会」、「都市／農村」、「資本／労働」といった「社会的亀裂（social cleavage）」に基づいていないことが挙げられる。

現在の日本政治が直面するのは、既存政党の支持団体が軒並み縮小し、無党派層が有権者の過半を占めるようになった社会状況である。とすれば、これからの政治を考える上で、バラバラの個人を相手に政党政治を構想するか、それとも組織的な中間団体に依拠した政党政治の復権を目指すかは大きな分水嶺となるだろう。

中曽根康弘は、二〇〇五年の「小泉郵政選挙」を踏まえ、それまで中間団体に結びつけられてきた日本の有権者の投票行動が個人志向になったとして「粘土が砂になったわけだね」と表現した上で、「もはや砂は粘土に戻らないね」とも述べている。[25] 日本社会の個人化が進み、中間団体による組織的な支持母体を基礎にした政治を復権させることが難しくなっているという判断であろう。

このような砂のような個人を材料として政治を組み立てていくとすれば、政党はさらなる未知の領域に足を踏み入れることになり、そのあり方も流動化していくであろう。

他方、トクヴィルがアメリカの民主主義の成功の秘訣を自発的な結社や中間団体に見たように、「社会集団に基礎をおいた民主主義」こそをリアル・デモクラシーとし、そのポジティヴな側面の可能性を模索する立場もある。

中間団体は市民が直接参加する場所であり、熟議や調整の機会を提供し、権力からの防波堤になるとともに、行政との交渉を通じて政策形成に関与する手段でもある。「社会集団はこれまでもデモクラシーの基礎として最も有力な存在[26]」だったのであり、社会集団による個人の組織化や意見集約なしに政党政治は機能しない。

これからの政党政治は、一方で公共性を帯びた中間団体との連携を今以上に強めるとともに、他方では組織という鎧を持たない裸の個人に直接的に訴求し、包摂していかなければならなくなる。その意味で政党は、これまでにも増して困難な条件の下に投げ込まれていくであろう。政党を鍛え、使いこなし、社会と行政を繋げる有権者の手腕がますます問われている。

（1）代表的研究として佐々木毅・21世紀臨調編『平成デモクラシー――政治改革25年の歴史』講談社、二〇一三年、清水真人『平成デモクラシー史』ちくま新書、二〇一八年など。
（2）宇野重規「〈解説〉民主主義と市民社会の模索」、宇野重規編『民主主義と市民社会』岩波書店、二〇一六年、三一五頁。
（3）佐々木毅「分断的政治システムに代る『政治空間』を求めて」『中央公論』中央公論新社、一九八四年六月号、六〇頁。
（4）佐々木毅「『平成デモクラシー』を問う」『本』講談社、二〇一三年六月号、第三八巻第六号、通巻四四三号、二二頁。
（5）佐々木毅『政治に何ができるか』講談社、一九九一年、一八七頁。
（6）佐々木毅『いま政治になにが可能か――政治的意味空間の再生のために』中公新書、一九八七年、二〇八頁。
（7）佐々木毅「政治改革とは何であったのか」、佐々木毅編『政治改革１８００日の真実』講談社、一九九九年、一七頁。
（8）佐々木毅『政治はどこへ向かうのか』中公新書、一九九二年、二一七頁、挿入引用者。
（9）清水真人『官邸主導――小泉純一郎の革命』日本経済新聞社、二〇〇五年、三八六―三八七頁。
（10）中北浩爾『現代日本の政党デモクラシー』岩波新書、二〇一二年、三四―三五頁。
（11）三宅一郎『日本の政治と選挙』東京大学出版会、一九九五年、一七七―一七八頁。
（12）杉田敦「二大政党制は定着するのか」、山口二郎編『民主党政権は何をなすべきか――政治学からの提言』岩波書店、二〇一〇年、一五八頁、傍点引用者。
（13）佐藤誠三郎「新・一党優位制の開幕」『中央公論』中央公論新社、一九九七年四月号。
（14）杉田敦「二大政党制は定着するのか」、山口二郎編『民主党政権は何をなすべきか――政治学からの提言』岩波書店、二〇一〇年、一五八頁、傍点引用者。
（15）待鳥聡史、待鳥聡史・清水唯一朗・善教将大「〈対談〉あらためて平成の政治改革を考える」『公研』公益産業

研究調査会、二〇二〇年九月号、四三頁、傍点引用者。
(16) 佐々木毅「歴史の中の政治改革」、佐々木毅・21世紀臨調編著『平成デモクラシー――政治改革25年の歴史』講談社、二〇一三年、一一頁。
(17) 佐々木毅『政治家の条件』講談社、一九九五年、一九七―一九八頁。
(18) 佐々木毅『政治はどこへ向かうのか』中公新書、一九九二年、一四二頁。
(19) 小林良彰「『小選挙区、二大政党』論の大いなる錯覚」『諸君!』文藝春秋、一九九三年二月号、四四頁。
(20) 船田元「数集め 自由な発言の壁に」「日本経済新聞」、二〇二二年一二月二九日。
(21) 大嶽秀夫、五百旗頭真・大嶽秀夫「〈対談〉『新進党』とは何であったか」『潮』潮出版社、一九九八年三月号、八八―八九頁。
(22) 山本健太郎『政党間移動と政党システム――日本における「政界再編」の研究』木鐸社、二〇一〇年、一八六頁。
(23) 高木剛、小沢一郎・高木剛「〈対談〉つぎで獲る! 政権交代ラインは小選挙区150議席だ」『連合』日本労働組合総連合会、二〇〇七年九月号、三頁。
(24) 藤村直史・城戸英樹「労働組合の政治参加と政策的立場――民主党支持の構造」『選挙学会紀要』日本選挙学会、第六号、二〇〇六年、一三八頁。
(25) 中曽根康弘「権力の自制が肝要」「朝日新聞」、二〇〇五年九月二九日。
(26) 宮本太郎「はじめに」、宮本太郎・山口二郎編『リアル・デモクラシー――ポスト「日本型利益政治」の構想』岩波書店、二〇一六年、vi頁。

第3章　「3・2・1の法則」と政党対立の再編成
――二つの争点軸と三極構造の変容

はじめに

一九九三年の政界再編から三〇年を迎え、この間の日本政治の混迷を整理する認識枠組《フレームワーク》として、筆者は本書で「一九九三年体制」と「3・2・1の法則」という視点を示してきた。本章の目的は、それらの見取り図を使って政党政治の現在地を確認し、その展望を考えることである。

一九九三年の自民党分裂にともなって新生党、さきがけ、日本新党といった保守系三新党が登場し、それまでの「保守」や「革新」とは異なる「改革」を掲げた。以降、三〇年間にわたり、「保守・旧革新・改革」の三極が日本政治の政治的選択肢を作ることになり、筆者はこの三極構造を「一九九三年体制」と名づけてきた。

行政学者の上山信一が、この三極の政策的理念を端的にまとめている。すなわち、「保守」とは「公共事業、財政出動、景気対策」、「旧革新」とは「格差是正、大きな政府」、「改革」とは「成長、規制緩和、小さな政府」といえる。(1)「保守・旧革新・改革」の三極は、それぞれが固有の政策的特徴と支持基盤を持ち、ポスト冷戦期の日本社会に根差してきた。

「保守・旧革新・改革」からなる三極構造は、第二次安倍政権が成立した二〇一二年以降、「自公・民主党系野党・維新」によって担われ、国政選挙の比例得票数を見れば、この三極は「3・2・1の法則」とでも呼ぶべき安定的な力関係で推移してきた。直近の二〇二二年参院選の全国比例における得票数を見ても、自公は二四四四万、野党（立国社共れ）は一七一三万、維新は七八五万となり、この割合はそのまま「3・2・1」となっている。

しかし、この力関係にも変化の兆しが見えている。与党側でいえば自公の連立に隙間風が吹くともに、国民民主は与党接近を見せている。野党側では野党共闘が挫折し、立憲は再び中道保守層とリベラル層のあいだで混迷しつつ、共産党も党員除名問題などで組織体質の課題を示している。野党低迷の間隙《かんげき》を縫うように、維新は次期衆院選での野党第一党を目標に掲げ、二〇二三年四月以来、政党支持率では維新が立憲を上回る結果が見られている。

「自公・民主党系野党・維新」による「3・2・1」の力関係は揺らいでおり、政党政治の枠組は流動期を迎えている。以下、三極それぞれの現状を確認し、これからの政党対立のあり方を展望したい。

1　岸田政権の性格――アベノミクスと憲法

岸田政権は久方ぶりの「宏池会政権」として、自民党にも「聞く耳」が取り戻されるかと思われたが、その性格を定義するのは今なお難しい。

総裁選時の岸田は、トリクルダウンは生じていないとして「アベノミクスの格差を正す」と明言。「新しい資本主義」を唱えて「分配」重視を打ち出し、介護士や保育士の賃上げ、金融所得課税の導入も示唆するに至った。

しかし、岸田政権がアベノミクスの修正なのか継承なのか、判断はつきにくい。経済政策ではコロナ禍により大規模な財政出動が常態化し、異次元の金融緩和については政策転換の余地に乏しい。他方、行財政改革をめぐる「改革」姿勢は鈍化しており、それが若者や無党派層のあいだでの支持率低下を招いているとされる。総じて岸田政権のこれまでは、アベノミクスの延長線上に位置する「踊り場の政権」といえる。

外交・防衛政策について見れば、岸田首相は自民党大会や憲法記念日などの折に触れて憲法改正への意欲を示してはいる。しかし、改憲を急《せ》かす維新からすれば、「自民党に改憲の本気度はまったく感じられない」（馬場伸幸）。

アメリカの圧力を受けて、五年間で防衛費を四三兆円とする防衛費倍増を打ち出したものの、その財源として国債を主張する安倍派の声は斥け、増税という「難しい道」を選んだのは宏池会政権としての最低限の矜持《きょうじ》なのかもしれない。

外交や憲法の課題について、岸田政権のこれまでは「羊の皮をかぶった狼」なのか「羊の皮をかぶった羊」なのか、これも判断は難しい。総じて岸田政権は、既成政党の支持基盤が縮小し、無党派層の政治参加が停滞するなかでの自民党の相対的優位であり、安倍政権から続く「縮小と停滞の一党優位性」(谷藤悦史)に位置づいているといえる。

2 野党共闘の挫折と連合の動向

野党共闘がもたらしたジレンマ

二〇二一年衆院選での野党共闘の挫折を受けて、立憲民主党はじめ野党陣営は深刻な「複雑骨折」の状況を脱していない。

これまで民主党系野党は、いわゆる提案路線か対決路線かというジレンマを抱えてきた。すなわち、「左によれば保守層を失うぞ/中道にぶれるとリベラル層に見放されるぞ」という外野の声に揺さぶられてきたのである。立憲は再びそのジレンマに回帰している。誰が執行部を担ってもこの状況を打開する秘策はなく、泉健太執行部も苦しい立場にある。

野党共闘の再建にあたっては、共産党にも課題は多い。共産党は自衛隊について「国民的合意をへて廃棄、それまでは活用」と説明するものの、最大の課題はそれが有権者を納得させていないことである。

二〇二三年の松竹伸幸氏の除名問題によって示された硬直化した党体質もまた、野党共闘の前途に暗い影を落としている。有権者は、野党が将来どのような政権運営をするかを、その政党の現在の党内ガバナンスを参考にしてイメージするしかない。集権的な党内運営を行う政党が、政権を取った時にはボトムアップで開かれた政権運営をすると述べても、国民の信頼を獲得するのは難しいだろう。

連合の動向と国民民主の与党への接近

立憲や国民はその支持基盤において連合という応援団を有しており、選挙実務と組織票という二つの面で、連合の支援は維新にはない民主党系野党のアドバンテージであった。

しかし、連合内でも官公労と民間産別のあいだには今なお緊張関係がある。公共セクターと大企業労組では、同じ「労働者」といってもその実入りの構造は大きく異なり、政治的要求も異なりがちである。また、連合と民主党との関係もこれまで一筋縄ではなかった。二〇〇〇年代初頭、労働組合の支援を受けずに当選を続ける保守系議員が増えるにつれ、民主党側からの「労働組合との関係の見直し」が叫ばれたこともあった。

連合をめぐるこのような矛盾の隙間を突いて、自民党はかねてから連合に揺さぶりをかけてきた。組合員七〇〇万という連合の数の力は自民党にとって脅威であり、連合内の不和に乗じて自民党が民間産別を取り込みたい、少なくとも中立化させたいと思うのは当然であろう。[2] 自民党側は菅政権の下で連合の芳野友子会長との会食を重ね、二〇二三年一月の連合の新年交歓会には岸田首相が出席し、双方の接近を印象づけた。

連合の側も、「一強多弱」の力関係の下では、個別の政策実現のために政府与党に直接アクセスせざるをえなくなる。象徴的なのは自動車を中心とする民間産別の動きであり、長らくトヨタ労組は組織内候補として愛知一一区に古本伸一郎を擁立してきたが、二〇二一年衆院選では立候補を取りやめさせ、自民との不戦敗を選んだ。「古本氏の不出馬は、政界では『自民党とは敵対しないというメッセージ』と受け止められた[3]」という。

国会でも自民と国民民主との提携が進んだ。「対決より解決」を掲げる国民民主は、二〇二二年度の政府予算案に異例の賛成票を投じ、首班指名選挙では岸田に投票する案まで浮上したという。仮にこの時、国民民主の与党入りが実現していれば、自民の業界団体に創価学会と民間産別という固い組織票がつくことになり、自公国の極めて強固な政権枠組、すなわち「二〇二二年体制」（中北浩爾）が成立されたことであろう。

3　維新による争点軸の変容

維新の政治参入と三極構造の顕在化

維新の戦略を象徴するのが、藤田文武幹事長の下で作成された「中期経営計画」であり、このなかで、（1）二〇二二年参院選での一二以上の議席獲得、（2）二〇二三年統一地方選挙で六〇〇人以上の地方議員、（3）次期衆院選で野党第一党、（4）一〇年以内に政権交代という四段階の目標が設定された。すでに最初の二つはクリアされたわけだが、果たして維新は三つ目の目標、すなわち立憲を凌駕して野党第一党となり、「3・2・1」の力関係を変更させられるだろうか。

これまでも、新自由クラブ、日本新党、みんなの党など、「自民党内の『田中角栄的、竹下登的なるもの』へのアンチテーゼとして」（浅川博忠）生まれてきた非自民保守系政党は存在した。しかし、その多くが、自民党盤石ゆえにその支持基盤を割れなかったり、創設者の「個人商店」を脱しえなかったり、政界再編につながらない「突発的攪乱要因」（大嶽秀夫）に留まってきた。ここにあって維新は、非自民保守系政党のなかでは最も成功裡に成長しているものである。

政治学者の平野浩は二〇〇〇年代初頭から、日本政治において二つの対立軸が並存交錯し、それに応じて政党の政策的布置のあり方が三極構造となる可能性を指摘しており、慧眼《けいがん》である。すなわち、「安全保障、防衛、外交の問題を中心とする対立軸」に加えて、現実社会の利害関係を伴った政党間の競合として「税や社会保険の負担と受益のアンバランスに基づく対立軸」の重要性が増し

てきたというのである。(4)

タゲペラとシュガートによれば、ある国において新しい対立軸が加わった場合、政治勢力によるその表現は「単極的（monopolar）」なものとして現れるという。(5) すなわち、新しい対立軸の両極に二つの政党が誕生するのではなく、一つの新政党がその対立軸の片方の極を代表して政治アリーナに登場し、それによって政党システムが再編されることが多い。

これにしたがえば、新旧二本の対立軸で構成される政治空間においては、古い対立軸の両極を代表する二極に加えて、新しい対立軸の一方の極端を代表する新勢力が加わり、政党対立のあり方は三極構造となるであろう。

二〇一〇年代における維新の国政参入は、まさに『行財政改革・社会保障」という新しい争点軸の前景化と、その争点軸の新自由主義の極における政党選択肢の登場であった。維新の登場によって、二〇〇〇年代を通じた自民と民主による「二大政党化」の趨勢は相対化され、いわゆる「（保守系）第三極」を交えた三極構造があらためて顕在化することになったのである。

維新による「改革」の独占と先鋭化

維新の独自性は、第一に、二〇一二年以降、「改革」の政策群をほぼ独占してきたことにある。

一九九三年の政界再編以降、規制緩和や民営化などの「改革」を担う政治勢力は、与野党を問わず党派横断的に散在してきた。一九九三年の細川政権やその後の新進党は「たゆまざる改革」を掲げ、自民党も橋本行革などで「本当の改革は自民党が行う」と主張し、小泉政権期の民主党も自民党との「改革競争」を唱えた。しかし、二〇一二年に維新が国政参入すると、それ以降、「改革」はもっぱら維新によって独占されることになった。

維新の第二の特徴は、これまで「わかりにくい争点」とされてきた行財政改革を「わかりやすい争点」へと転化したことであろう。

一般に、政策争点には「やさしい争点(easy issue)」と「難しい争点(hard issue)」とがある。日本政治に即していえば、護憲か改憲か、集団的自衛権に賛成か反対かといった「外交安全保障・憲法」の政策群にはわかりやすい争点とされるものが多い。

それに対して、社会保障を賄うのは増税か国債か、年金は賦課方式か積立方式かというような「行財政改革・社会保障」の争点は、有権者にとって「認知的な負担の大きい難しい判断」であり、また負担やコストの配分を含むので有権者に「あまり心地の良くない判断」を強いるものでもある。(6)それゆえ、「行財政改革・社会保障」の争点で政党政治が再編されることは相対的に困難であった。

そこにあって維新は、これらの複雑な争点を「身を切る改革」として単純化し、有権者の肌感覚にそった「やさしい争点」へと転化してきた。議員の定数削減、行政区画の再編新設などは維新によってシンプルに示された行政改革の典型といえる。また、公務員批判によって「改革」の負担の引受先を名指しし、それらにコストを一身に負わせることで、行財政改革をめぐる「不快さ」を緩和したともいえるかもしれない。

筆者自身、二〇二一年衆院選の候補者として、コロナ禍の飲食店をまわって意見を聞くどぶ板活動をしたが、政治に「身を切る改革」を要求する有権者層の分厚さを痛感した。

民間事業者の意識にあるのは痛税感や嫌税感であり、すなわち、自分たちが税金を払っている感覚は強いが、自分たちが税金の恩恵を受けているという実感に乏しい。

不況の時に行政が何してくれた？　起業や開店の際には行政指導で様々に細かい注文をつけながら、不景気で苦しい時に何か助けてくれたか？　儲かろうが倒産しようが自己責任。そういう厳しい環境でやってきた。それでいて政治家も官僚も税金で飯食って、国会で居眠りしている。それなら民間と同じように「身を切れ」、というわけだ。

このような意識の上に、維新がテレビを通じて喧伝する「身を切る改革」は、砂漠が水を吸い込むように浸透する。それは民間事業者の仕事感覚に即した、「わかりやすい争点」なのである。

維新の「野党第一党化」を阻むもの

維新が立憲にとってさらなる脅威となる可能性は党幹部の世代交代に伴う「ソフト化」や「リベラル化」の兆候にも窺える。

コテコテの大阪文化をマッチョに体現した橋下徹や松井一郎といった第一世代は、しかし地位に恋々《れんれん》とせず公職からは身を引いた。維新は、吉村洋文など第二世代、さらには第三世代へと絶え間ない新陳代謝を行っている。

世代交代の過程で、維新は行政改革一辺倒ではなく、高校無償化など都市部の現役世代へのアピールも取り入れながら、イメージの「ソフト化」を図っている。維新がさらに選択的夫婦別姓や同性婚といったアイデンティティ政治の争点を包摂して「リベラル化」すれば、無党派層への訴求力をさらに増す可能性は大きい。

しかし、維新が全国政党化するためには、いくつかの死活的な課題もある。第一に、既成政党の多くがナショナルな規模の支援組織を持っているのに対して、維新にはそのような全国規模の支持基盤がない。

政治学者の木下ちがやによれば、「政党が全国政党たりうる条件は実は政党そのものにはなく支持基盤がナショナルな規模であるかどうかにおおきくは規定される[7]」。民主党は連合、公明党は創価学会などの中間集団に依拠し、自民党は複数の支持団体に網をかけた多重的な形式であるが、既成政党が全国規模の中間集団とともにあることには変わりない。

維新がそのような支援組織を自力で形成することは困難であり、「当面関西地域以外にも勢力を伸ばして全国化はしていくかもしれないが、全国政党になることはおそらくないだろう[8]」。

第二に、維新が政権与党となるためには、結局、自民分裂による何らかの保守政界の再編を待たねばならない。

次期衆院選における維新の現実的な獲得目標は八〇議席程度といわれ、現有の四一議席からは倍増だが、立憲の現有九六議席には及ばない。政権交代に向けては、維新幹部も認めるように、自民を巻き込んだ政界再編が必要になるのである。

しかし、自民分裂が生じた一九九三年と違い、現在、自民に分裂をもたらす要因は乏しく、むしろ、自民の求心力が他党からの離反者を吸い寄せている。その意味で、自民分裂による政権奪取という維新のシナリオは、予見可能な将来においては実現性に乏しいだろう。

4　二つの争点軸と三極構造のこれから

「自公・民主党系野党・維新」の三極をめぐるこのような現状を踏まえ、それぞれの力関係は、今後、どのように変容しうるだろうか。

総じて平成年間の日本政治は、五五年体制から継続された「外交安全保障・憲法」と、一九八〇年代以降に顕在化してきた「行財政改革・社会保障」という二つの争点軸の上に展開されてきた。その結果、二つの争点軸の交錯する上に、「保守・旧革新・改革」の三極構造が生じてきた。

これら三極の対立の組みあわせは、二つの争点軸に応じて変わってきた。平野浩の指摘を敷衍《ふえん》すれば、「外交安全保障・憲法」の軸に沿えば、日米安保堅持と憲法改正を唱える点において「保守」と「改革」とは同質であり、それらに対して相対的に護憲や専守防衛を唱える「旧革新」が対峙してきた。すなわち、「保守＋改革vs旧革新」の構図である。

しかし、「行財政改革・社会保障」の軸に政党対立を置きかえれば、業界団体に依拠して利益配

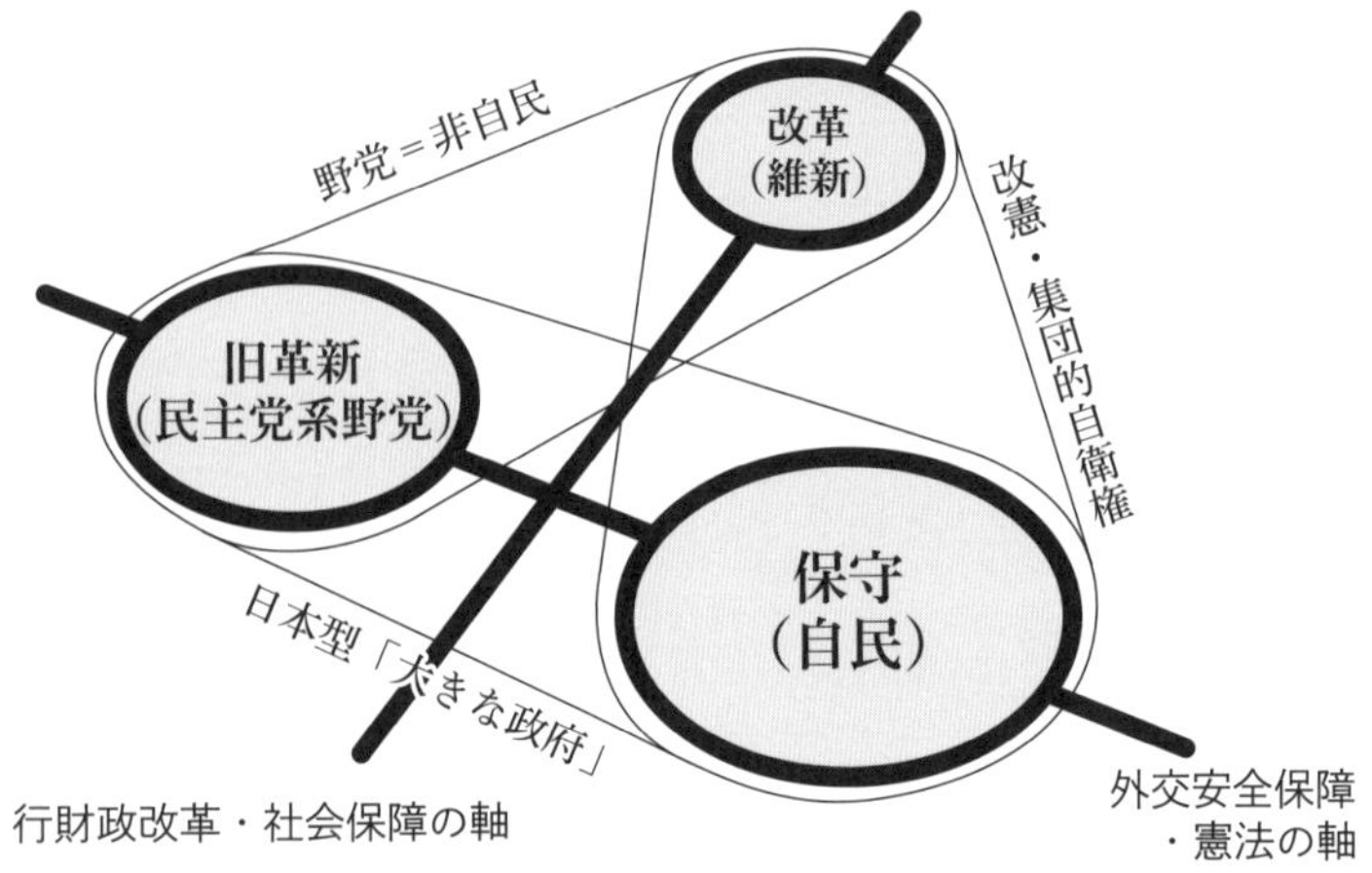

■現代日本政治の三極構造

分を行ってきた「保守」と、労働組合に依拠して格差是正を唱えてきた「旧革新」とは「大きな政府」において同質であり、それら双方の「既得権」を否定する「改革」とが対立する構図が浮かび上がる。すなわち「保守＋旧革新vs改革」の構図である。

ちなみに平野は、二〇〇四年の段階で、「仮に『安全保障』の軸が『自民対非自民』の軸と再び重なり合い、これが二つの政党間の対立軸となるのであれば、かつての保革対立の再現となる」と指摘する。しかし、この場合、市場経済や再分配についての本来的に重要な利害対立が政党対立に表明されないままなので、「二大政党による競争は機能不全を起こし、政策決定も停滞するであろう[9]」とされる。

他方、「外交安全保障・憲法」に関する争点がある程度「合意争点」となり、「行財政改革・社会保障」の争点軸に応じて政党政治の対応が求められることになれば、「早晩、エリートレベルでの政党再編が予想されるのみならず、有権者レベルにおいても新たな連合の形成が行われ、本来の意味における政党再編が生ずるものと思われる」[10]という。

筆者もこのような平野の認識を共有している。すなわち、「自公・民主党系野党・維新」の三極構造がどのような力関係で推移するかは、「外交安全保障・憲法」と「行財政改革・社会保障」のどちらの争点軸によって今後の与野党対立が形成されていくかに依存するであろう。

5 「外交安全保障・憲法」をめぐる「ネオ五五年体制」？

「外交安全保障・憲法」の争点軸を重視し、それによって日本政治の「再イデオロギー化」を指摘する立場として、境家史郎による「ネオ五五年体制」論がある。

境家によれば、安倍政権以降、自民党が憲法や防衛問題で「戦前回帰」したのに対して、立憲は官公労に支援された左派政党として「社会党化」し、政策対立においても政党間の競争力においても五五年体制型政治に回帰した。二〇一五年の安保法制をめぐる国会内外での抗議運動は「保革対決政治への逆行」を促し、自公と「立憲共産党」によって闘われた二〇二一年衆院選は「日本政治のネオ五五年体制」を完成させた選挙として位置づけられる[11]。

たしかに、五五年体制が崩壊した後もその下で構築されてきた政治認識は「歴史的慣性(inertia)」によって有権者の意識を規定し、二〇〇〇年代を通じて有権者の「暗黙知」として生き続けてきた[12]。また、第二次安倍政権以降、日本政治は「保革対決政治の再来」の様相を呈したという認識も、筆者も大枠では共有する。

しかし、五五年体制と第二次安倍政権下の政治には重要な相違もあり、本書はむしろそちらを強調しておきたい。

第一に、政党対立の構図に着目した時、五五年体制と現在との最大の違いは、非自民保守系野党、すなわち維新の存在であり、これが「憲法を軸にした与野党第一党のイデオロギー的分極化」という構図だけで安倍政権期を描き切ることを困難にしている。

維新は自民党と同じく改憲や集団的自衛権を主張する「改革保守政党」であるが、同時に、自民党長期政権の下で築かれた利権構造の攪乱《かくらん》を主張する「改革保守政党」という性格があり、維新の自己規定はむしろ後者を強調していよう。

境家によれば、二〇二一年衆院選は「ネオ五五年体制の完成の選挙」とされるが、その実、自公と立共との間隙を縫って躍進したのは維新であり、むしろ「自民・民主党系野党・維新」の三極構造をあらためて確認させた選挙ではなかっただろうか。

第二に、五五年体制はその足腰において自社ともに安定的支持基盤に支えられていたが、現在、既成政党を支える中間団体はとりわけ民主党系野党（旧革新）の側で衰退しており、かつての「1と1／2政党制」を支えた社会の基盤は大きく弱体化している。

立憲野党の共闘を生みだした二〇一五年の安保法制反対運動を見ても、運動の規模、運動を支えた団体の組織力はいずれも一九六〇年の安保闘争とは大きく異なるものであった。六〇年安保では、国会前のデモに労働組合のストライキが呼応し、それらが「革新」を支える分厚い支持基盤へと連なっていった。

他方、木下ちがやによれば、二〇一五年の安保法制反対運動では、SEALDsのメンバーは全国で五〇〇〇人ほどであり、その活動はSNS上で可視化されたものであった。これは大学を拠点に数万単位の学生を動員した一九六〇年代の学生運動とは質、量とともに著しく異なっている。また、労働組合も産業行動で応えることはなく、安保法制のデモは「前方展開」のみで行われ、「社会の組織化」には繋がらなかった。したがって、「二〇一〇年代の社会運動が、そのまま旧来型の革新政治の基盤になることはない[13]」という木下の指摘は説得的だろう。

また、巨大な人口規模で「戦後民主主義の担い手」であり続けた団塊の世代は二〇二五年に七五歳以上となり、政治的公共空間から退出していく[14]。それに伴い、戦争体験の見聞に基づいた反戦意識や、それに支えられた「外交安全保障・憲法」の争点軸も相対的に希薄化されていくであろう。

6 「行財政改革・社会保障」の争点軸と政党政治の再編成

日本政治を中長期的に規定する最大の争点は少子高齢化と人口減少であり、その大枠の下で、今後、「行財政改革・社会保障」の対立軸がより前面に出てくることが予想される。

鉄道、学校、町内会、議員定数など、これまで一億二〇〇〇万人を与件として整備されてきた公共インフラを時代にあわせてどのように整備統廃合していくかという課題は、日本政治を真綿《まわた》のように締め上げる最大の課題となるであろう。

平野浩によれば、「市場競争対再分配」の対立軸は、長らく、「憲法・安全保障」の対立軸に比べて政党支持との関係が希薄であった。「市場競争対再分配」の対立軸は、小泉政権下の二〇〇五年衆院選においても、有権者の意識においては「未成熟」に留まった。また、リーマンショックや年越し派遣村など階層格差がクローズアップされた二〇〇八年前後にあっても、「憲法・安全保障」に比べて「政策的対立軸としてのセイリエンス〔顕著さ〕が、相対的には小さい(15)」ままであった。

すなわち、二〇〇〇年代を通じて、「行財政改革・社会保障」の争点軸は、「外交安全保障・憲法」の争点軸の後ろに隠れて、間接的に政党政治に影響を与えていたにすぎなかった。

しかし、少子高齢化や階層間の利害対立といった課題を、五五年体制下のような「保革対立」の再来によって解決することは不可能である。

これからの日本政治には、「外交安全保障・憲法」をめぐるイデオロギー対立に加えて、平野が指摘するように、「今日の日本にとって意味の大きな政策的対立軸によって枠付けられた政策空間を構成すること(16)」が重要になる。そのためには、「行財政改革・社会保障」の争点軸に応じて、これからの日本社会のありうべき処方箋に応じた政党間対立の再編を促すことが不可避となろう。

7　「リベラル（旧革新）」と「改革」の結合

「行財政改革・社会保障」の争点軸が日本の政党政治に再編を強いれば、その軸のどちらの極を代表するのであれ、与野党はいずれも厳しい自己改革を迫られよう。最後に、政治的選択肢の健全な拮抗を求めて、立憲野党の課題について触れたい。

民主党系政党はこれまで、「左にぶれると保守層を失うぞ／中道によればリベラル層に見放されるぞ」という声に右往左往してきた。しかし、中道保守層とリベラル層とを二律背反に捉えるこの種の発想から、いい加減、卒業する時ではないだろうか。平成年間の政権交代を振り返れば、必要なのはむしろその二つの方向性を包摂統合し、一つの選択肢として有権者に示すことに他ならない。

筆者は第1章「一九九三年体制と『3・2・1の法則』」において、来たるべき政権交代に向けて、「リベラル（旧革新）」と「改革」との結合を唱えた。時代の変化にあわせた行政の役割の再定義は避けて通れず、その意味で「改革」は不可避である。他方、賃上げや大学教育無償化など、政府の主導権が強化されなければならない争点も多い。「改革」と「リベラル（旧革新）」との政策群は、本来、相互補完的なはずである。

政治学者の吉田徹の言葉を借りれば、これを「社会民主主義の極」と「新自由主義の極」との統合ともいえよう。ポスト五五年体制にあって、野党勢力は再分配を重視する「社会民主主義の極」と制度改革に比重をおく「新自由主義の極」という二極に切り裂かれてきた。しかし、吉田によれば、政権交代のためにはこの両極を繋ぎあわせるしかなく、今後の政治の行方は『社民の極』と『新自由主義の極』とに分裂している野党勢力がどのように編成されるかによって[17]」決まってくるという。

もちろん、「社会民主主義」と「新自由主義」の両極の結集とは、単に双方の足しあわせに終わるものであってはならない。「大きい政府か小さい政府か」という二項対立を脱却し、時代の変化にあわせて政治の「公共的役割」を見定めること――。その先に、政府の適切なサイズと機能は自ずと明らかになるであろう。

われわれの未来史は、過去に捉われた思考停止を拒否し、筋書きのない現実を誠実に見つめ、新しい時代を掴もうとする意識の先に描かれるはずである。

（1）上山信一『大坂維新――橋下改革が日本を変える』角川SSC新書、二〇一〇年、二四―二五頁。

（2）中北浩爾、山口二郎・中北浩爾・住沢博紀「野党はポスト安倍・菅の新しい政治サイクルにどのように立ち向かうべきか　深掘り対談――2021年秋総選挙の帰結と展望」『季刊　現代の理論』現代の理論編集委員会、第二九号、二〇二二年二月六日。

（3）川上高志「分断される野党――自民党の執念と旧民主党系の混迷」『世界』岩波書店、二〇二二年六月号、二〇六―二〇七頁。
（4）平野浩「政党と市民」、川上和久・丸山直起・平野浩編著『21世紀を読み解く政治学』日本経済評論社、二〇〇〇年、一六二頁。
（5）R. Taagepera & M. Shugart, *Seats and Votes*, New Heaven, Yale University Press, 1989.
（6）平野浩「選挙・投票行動」、佐々木毅・清水真人編著『ゼミナール現代日本政治』日本経済新聞出版、二〇一一年、四四七頁。
（7）木下ちがや「2020年代日本のヘゲモニーの危機（下）――本格化する戦後体制の終焉」『科学的社会主義』社会主義協会、二〇二三年七月号、三二頁。
（8）前掲論文、三二頁、傍点原文。
（9）平野浩「政治的対立軸の認知構造と政党‐有権者関係」『レヴァイアサン』木鐸社、二〇〇四年秋（三五号）、一〇〇頁。
（10）前掲論文、一〇〇頁。
（11）境家史郎『戦後日本政治史――占領期から『ネオ55年体制』まで』中公新書、二〇二三年、二九〇頁。
（12）平野浩『有権者の選択――日本における政党政治と代表制民主主義の行方』木鐸社、二〇一五年、一二五頁。
（13）木下ちがや「2020年代日本のヘゲモニーの危機（下）――本格化する戦後体制の終焉」『科学的社会主義』社会主義協会、二〇二三年七月号、三二頁。
（14）木下ちがや『〝みんな〟の政治学――変わらない政治を変えるには？』法律文化社、二〇二二年、一〇八―一〇九頁。
（15）平野浩『有権者の選択――日本における政党政治と代表制民主主義の行方』木鐸社、二〇一五年、一二四―一二五頁、挿入引用者。
（16）平野浩「日本政治の今後」、平野浩・河野勝編『新版 アクセス日本政治論』日本経済評論社、二〇一一年、二八九頁。
（17）吉田徹「『ポスト五五年体制』時代の終焉」『世界』岩波書店、二〇一七年一二月号、七二頁。

第4章　コロナ時代の日本政治の対立軸
——対立争点から合意争点への交錯と移行

はじめに

コロナ禍は世界各国の政治に地殻変動をもたらし、日本も例外ではない。二〇二〇年以降、日本政治はコロナへの対応を迫られるなかで、その対立の様相も新しい局面に入りつつある。

本章の目的は、対立争点と合意争点という政治学の概念を手がかりとしながら一九九〇年代以降の日本政治の対立軸を振り返り、コロナ禍がもたらした新たな政治対立の特徴を明らかにすることである。

平成年間の日本政治をめぐる本章の認識枠組《フレームワーク》は次の通りである。すなわち、冷戦終焉と経済成長の鈍化に見舞われた一九九〇年以降、日本政治の大枠を規定したのは「改革」をめぐる合意争点であり、与野党はいずれも強いリーダーシップを可能にする制度改革と行政機構の縮小再編成をめぐり競合した。その後、二〇一二年に第二次安倍政権が成立すると、安倍政権の進める一連の右派的争点に対する賛否をめぐり政治は対立争点の時代へと変化し、野党陣営もその対立軸に沿うような形で再編成を迫られてきた。しかし、二〇二〇年以降、コロナ感染症が世界に拡大し、日本でも安倍から菅、岸田へと政権移譲が生じると、政治の大枠はコロナ対策を最大の目標とする合意争点の時代へと再びゆるやかに移行しつつある。

本章は、このような見立ての下、過去三〇年間の日本政治の文脈の上にコロナ政治をおき直し、これからの方向性を模索してみたい。

1　合意争点と対立争点

政治学の教科書を紐解けば、政治対立のあり方には対立争点と合意争点という二つの類型がある。「対立争点（position issue）」とは、「AかBか」あるいは「Aか反Aか」を競う争点であり、この場合の政治対立は激しく、またその構図もわかりやすい。当該の争点について有権者のあいだで分裂があり、与野党も互いに異なる主張を展開して差異化を競うことになる。

対立争点には、おしなべて価値観や歴史認識、個人の生き方に関する争点が多いといえよう。アメリカでは人工中絶や銃規制など、日本では憲法九条や靖国神社参拝、同性婚や夫婦別姓といった争点で世論は比較的分岐しており、強い政治対立を招きやすい。

他方、「合意争点（valence issue）」とは、Aという目的に有権者の広範な同意があり、与野党もそれを共有しつつ、「どちらがより早く、効率的にAを実現できるか」を競う形の争点である。[1] この争点下では、各党が独自のスタンスをとる余地は狭まり、Aという課題を実行する「能力(competence)」の有無が吟味される。

合意争点の例としては、犯罪対策や政治腐敗防止、教育や福祉の拡充、途上国ではインフラ整備といった課題があげられよう。また、合意争点で行われる選挙はおしなべて現状維持になりやすく、結果的に与党優位になりやすいともいわれている。

もちろん、困難な争点について政党が態度を保留する場合もあるし、与党が野党の主張を飲みこんで争点つぶしを図る場合もあろう。しかし、政治対立をめぐるこの二類型は日本政治を整理する手がかりとして有効であり、次節以降、これを用いて一九九〇年代以降の日本政治を巨視的な視点で図式化していきたい。

2 「改革」という合意争点

冷戦終焉後の日本政治の大きなトレンドは、「改革」を合意争点とした保守政治の競合であった。周知のように、五五年体制下での「保革対立」とは、資本と労働という二つの階級的利害の対立の上に、憲法九条か日米安保条約かをめぐる安全保障上の対立が重なった、極めて大時代的な対立争点であった。

しかし、社会党に代表される「革新」勢力は冷戦崩壊に伴って衰退し、自由市場経済と日米安保体制を堅持するという意味では、日本政治は広義の保守政治のみへと変化してきた。その後、保守政治の全面化は、水ぶくれした「保守」の内部分岐、すなわち「守旧保守」と「改革保守」への二分化を招き、前者から後者へのゆるやかな転換が平成年間の日本政治のトレンドとなってきた。

五五年体制下での自民党の内実を担った「守旧保守」とは、その利益分配志向によって特徴づけられる。自民党長期政権は、財界からの不動の支持を確保しながら、公共事業や補助金によって地方農村への手厚い利益誘導を行い、産業規制によって零細自営業を保護してきた。また、多様な要望を調整する「守旧保守」はその政治手法として、談合や根回しといった調整を繰り返して妥協にこぎつけるボトムアップ型のスタイルと親和的であった。

しかし、一九八〇年代後半以降、このような旧来型の自民党政治に対して、広義の保守政治の内部から批判が出てくるようになる。丁寧な調整をくり返す政治手法に対しては、決定にかかる時間の長さや責任の所在の不明確さが指弾《しだん》されていった。また、自民党の産業保護政策は時として市場原理を度外視したものであり、財界もそれらに厳しい注文をつけはじめ、自民党が従わない場合は「保守系野党＝第二自民党」の創出も辞さずという姿勢を見せはじめていく。

「変われない自民党」に対置されたのが、強いリーダーシップで迅速な決定を行い、それによって行政機構の縮小再編成を断行する政治、すなわち「改革保守」の政治であった。「改革保守」は、選挙で示された「民意」に依拠して、首相や内閣の権限を強化する一連の制度改革に取り組みながら、官僚主導の開発主義や土建国家を大胆に解体しようとしてきた。一九九〇年代以降、このような「改革保守」の趨勢のなかで古い保守政治は否定され、調整は「根まわし」と、利益配分は「ばらまき」と、既得権は「しがらみ」と翻訳し直されていった。

このように見ると、一九九〇年代初頭は、保守政治がその内側から「守旧保守」を否定解体し、産業の構造転換や経済のグローバル化への対応を迫られるなかで、新たに「改革保守」の統治性《レジーム》を構築しようとする「保守政治内部の自己再編成」を果たした時期であった。その結果、「改革」はその後の日本政治を長きにわたり呪縛する最大の合意争点となっていった。

拙著『現代日本政治史――「改革の政治」とオルタナティヴ』（ちくま新書、二〇二一年）は、この「改革」という争点を定点観測の基準として、平成年間の政治における三つの波を描き出したものである。

「改革」の第一波は細川政権による政治改革であり、小選挙区制を導入して政権交代を促すとともに、内閣へ権限を集中させる一連の制度改革が始まった。第二波は橋本政権における行政改革であり、一九九六年、中央省庁を一府一二省庁に再編する行政改革のスリム化が実行される。「改革」の第三にして最大の波が小泉政権による構造改革であり、小泉は郵政民営化を実現させる過程で、自民党内の「守旧保守」を「抵抗勢力」として党外化し、政権にいながら自民党を「改革政党」へと変貌させた。

二〇一〇年代に入ると「改革」の波はいびつな形で関西へ移り、橋下徹による維新がこれを継承発展させる。橋下の主張した「時限的独裁」は政治主導の歪曲された極限形態であり、首長の強い権限と発信力によって市役所や労働組合を叩く政治は「改革」の生み出した鬼子であった。

「改革」の趨勢はその後も名古屋や横浜、東京など大都市圏を中心に根強い支持を得ている。「改革保守」は今なお、地方への税収移転に不公平を感じる都市住民、規制緩和の受益を受ける消費者、さらには自民党の守旧伝統的な価値観を敬遠するリベラルな高学歴層などをも巻き込み、日本政治の無視できない選択肢の一つとなっている。

しかし、第二次安倍政権は、「改革」という「合意」をさらに凌駕する新しい「対立」を日本政治にもたらすことになった。

3　安倍政治をめぐる対立争点

二〇一二年に第二次安倍政権が誕生すると、安倍は新自由主義的な「改革」よりも、「戦後レジームからの脱却」といった独自の信条を前面に押し出し、それらに対する賛否が二〇一〇年代の対立争点を作り出すようになった。

御厨貴は、安倍の右翼的価値観とそれに基づく政策順位をアベノポリティクスと命名している。その内実をなすものは、第一に、大日本帝国の再評価によって国民統合を行おうとする歴史修正主義であり、村山談話の上塗りや靖国神社参拝はその現れであった。第二に集団的自衛権であり、二〇一五年、安倍政権は世論の反対と野党の徹底抗戦を押し切る形で安保法制を強行採決する。第三に憲法改正であり、敗戦によって押しつけられ、天賦人権や個人の尊厳などの「外来思想」に彩られた「みっともない憲法」の改正は、安倍政権の悲願であった。

このような安倍政権の国家思想を前に、古賀茂明は端的にも、日本政治の対立軸が「改革するかしないか」から「『戦争するかしないか』という対立軸に一気に変わった」[2]としている。五五年体制に遡れば、「保革対立」とは自民党と社会党の「1と1／2体制」の力関係の下、改憲か護憲かという思想的対立に彩られた大掛かりな対立争点であった。「安倍一強」の下での与野党対立もいささかこれと重なるところがあり、これを「ネオ五五年体制」（境家史郎）と捉えることも可能であろう[3]。

憲法課題でいささか古典的な右傾化を示した反面、財政や金融の領域において安倍政権は雑食的であった。アベノミクスは自民党内の「守旧保守」と「改革保守」との混在を不可視化させる「止揚」（中北浩爾）であり、経済運営に打開策の見えない時代の「時間かせぎ」であった。安倍政権は全世代型社会保障や女性活躍推進など、「社会民主主義的な政策すら含んだ」課題にも取り組み、最終的には「『リベラルな中道政権』という評価までなされるようになった」[4]。「改革」の趨勢は、安倍政権にいたって明らかに曲がり角を迎えたといえる。

「安倍一強」に対抗する形で、野党もまた陣営の再編成を迫られ、対立争点型の構図が形成されていった。

野党結集の起点を求めて、本章は二〇一一年の社会運動の再興に遡りたい。東日本大震災を受けて四〇年ぶりに出現した日本のデモは、アメリカのオキュパイ運動やアラブの春といった世界的な社会運動の高まりと共振しながら、いささか閉塞状態に陥っていた代議制民主主義にその応答能力の刷新を求める契機となってきた。

官邸前デモに代表される社会運動は、第二次安倍政権に対しても引き継がれ、二〇一五年には安保法制に反対する大規模なデモに結実する。SEALDsをはじめとする直接運動の圧力は、SNSの急速な普及によっても促され、「反権威主義的かつポピュリスト的性格」（木下ちがや）を帯びながら、来たる国政選挙での野党一本化を求める要請に転化し、社会運動が政党政治の方向性に圧力をかける余地を切り拓いていった。

このような働きかけを受ける形で、国政選挙での野党の結集、すなわち野党共闘が進められた。二〇一五年末には、「穏健保守・リベラル・左派の連携による政治システムの再生」（中野晃一）を求めて、社会運動と政党政治とを繋ぐ媒体として「安保法制の廃止と立憲主義の回復を求める市民連合」が発足する。

二〇一七年の（旧）立憲民主党の結成は、結果的に、野党結集を求める世論に対する政党政治からの応答となった。筆者もまた拙著『武器としての政治思想』（青土社、二〇二〇年）で「参与観察」したように、二〇一七年衆院選を前に、「安倍一強」に対して野党共闘が正面から対峙する形で、日本政治の極めて明瞭な対立争点の構図が浮かび上がってきたのである。

4　コロナ政治という合意争点

コロナ禍をうけた「合意」の形成

二〇二〇年一月、日本で初めてのコロナ感染者が確認されて以降、コロナ対策は政治の最重要の「合意」へと躍り出て、安倍政権がもたらした「対立」と交錯しながら、政治対立の様相は流動化していくことになった。

コロナの急速な拡大は、各国政府に行政機能の強化という共通の反応を迫ってきた。ドイツやフランスなどヨーロッパ諸国では移動や営業を一時的に禁止する「ロックダウン（都市封鎖）」などの厳しい措置が行われたが、いずれの国においても世論は八割前後の支持でこれを受け入れてきた。韓国や台湾ではデジタル技術を活用したマスク在庫管理やスマートフォンを使った濃厚接触者の追跡管理が行われた。

アメリカにおいても、トランプ大統領はマスクや人工呼吸器の増産を求めて民間企業への介入を強め、バイデン大統領も国民一人あたり三二〇〇ドル（約三五万円）の給付金や中小企業への補助金など、空前の財政出動を打ち出している。コロナ禍は「戦争」であり、「戦争に勝つのが先決でどう支払うかを考えるのは後から、というやり方もやむを得ない」（カーメン・ラインハート）という状況なのである。

日本のコロナ対策は、強制力を伴う行動制限は避けつつ、要請ベースで移動自粛や店舗休業を促すものであったが、緊急事態宣言の発令や財政支援、医療体制の立て直しをめぐり、政府はその公共的責任を問われてきた。世論もまた、ある種の「大きな政府」志向を強めていった。「朝日新聞」と東大・谷口研究室による二〇二〇年の世論調査では、「社会福祉のサービスを削っても小さな政府を望む」という問いに反対派が四四％となり賛成派一七％を大きく上回り、財政出動や公共サービスの規模拡大を求める割合が五〇％へと大幅に増加。「景気対策を重視し、大きな政府を求める」傾向がはっきりしたという(5)。

学者や専門家の言説においても、コロナ禍に「国家の復権」を見るトレンドは共有されており、「大きな政府」を甘受、容認、期待する「合意」が形成されていった。一例をあげれば、東京財団政策研究所の早川英男は、マクロ経済の安定、公共財の供給、所得再分配という政府の古典的役割に言及しつつ、コロナ禍における景気振興策、公衆衛生の維持、生活困窮者への対応という点で、「教科書通り、政府の役割が重要になった(6)」と指摘している。

これらの世論を受け、政党の側も「新自由主義からの脱却」というテーマが与野党共通の「合意」となっていった。二〇二〇年五月、立憲民主党の枝野幸男代表は政権構想を発表し、自己責任論の限界、再分配の必要、そして支え合いの重要性を指摘し、「信頼できる機能する政府」を唱えた。重要なのは、このような指摘が政府自民党からも出てきたことであり、二〇二一年一〇月、岸田首相は所信表明で「小泉改革以降の新自由主義的政策からの転換」を指摘し、成長に分配を加えた「新しい資本主義」を唱えるにいたったのである。

もちろん、コロナ禍にあっても、学術会議の任命拒否問題や入国管理法改正案などでは与野党の激しい攻防が展開され、それは必要不可欠である。しかし総じて見ると、これからの与野党対立は、少子高齢化や税収減という厳しい時代状況に条件づけられながら、いわゆる新自由主義からの修正や脱却を図り、政府機能の強化という方向性で政策を競うという、いささか厳しい「合意」を大枠として展開されていかざるをえないであろう。

緊急事態宣言

コロナ禍における日本政治の具体的争点として、緊急事態宣言、財政政策、医療政策の三つを取り上げ、それらをめぐる対立の諸相を確認したい。

第一の争点として、緊急事態宣言をめぐる対立がある。コロナ拡大後、欧米諸国は罰則規定を伴った緊急事態措置を設けたが、日本でも二〇二〇年四月以降、数次にわたる緊急事態宣言やまん延防止等重点措置が発出された。罰則や強制力は弱かったものの、休業命令に応じない店舗の実名公開や三〇万円以下の過料が盛り込まれ、社会の自由は一定程度制限されることになった。

しかし、緊急事態宣言による感染防止対策は、人々の危機意識とも合致し、おおむね円滑に受容されてきたといえる。主要紙が二〇二〇年四月に実施した世論調査では、国民の約八割が緊急事態宣言を「遅すぎる」としており、当初は首都圏に限定された対象範囲の全国拡大も比較的好意的に受け止められた。世論は一貫して、厳しめのコロナ抑制策を受忍してきたのである。

政治対立もまた、与野党いずれも緊急事態宣言の必要性を認めた上で、争点は宣言の発出解除のタイミングや休業事業者への補償措置をめぐるものであった。二〇二一年二月、コロナ対策特措法が制定され、感染者への入院命令など行政の強力な措置が可能になったが、この成立過程も同様であった。野党は刑事罰の導入を断念させるとすぐに妥協を図り、四日間というスピード審議で成立することになった。

このような「与野党の出来レース」を前に、一部の知識人からは、緊急事態宣言は「権力の例外化措置」を正当化するという批判や、コロナ禍に乗じて憲法に緊急事態条項が追加されるといった危惧が叫ばれた。緊急事態宣言に反対しない野党は『リベラル』ではないとの批判もあった。

しかし、現在のところ、総じてこれらの論壇の議論が妥当性を持ったとは考えにくい。

元来、思想史的な文脈から見て、災害や感染症といった大規模な危機にあって、政府に積極的な行動を求めることは、立憲主義にも自由主義にも反しない。自由主義的な政治思想は、政府それ自体を否定するわけではないのだから、個人の生命と健康を維持するために、必要な局面において政府にその責任を果たすよう要求することは当然である。むしろ、感染症の蔓延のなかで、個人の権利擁護のみを盾に政府の拡大を牽制することは、逆に公共部門の怠慢や不作為を是認することにならないだろうか。

また、世論の大半や野党は、個人の権利意識に乏しいがゆえにではなく、政府を通じた感染症対策がコロナの抑制に必要だと考えたがゆえに緊急事態宣言を受け入れたのである。この点で、筆者は次の指摘に同意する。「ロックダウンに際し、人権意識の強い諸国でも政府による行動制限が広く受け容れられたのは、罰則が厳しいからではなかった。自分たちの生命・健康を守るために、自分たちへの『規律』が必要だと多くの人々が認めたからである[7]」。コロナ禍での世論は、危機にあってなお個人の自由を守れと警鐘した知識人とは異なる形で、危機に際して適切な判断を導く集合知の賢慮《けんりょ》を示していたと思える。

財政政策

第二に、財政政策を見よう。コロナで打撃を受けた事業者への支援策についても、大規模な財政出動やむなしという大枠において与野党には「合意」があり、論戦はむしろその規模や方法をめぐるものであった。

二〇二〇年三月以降、人流停滞によって飲食業や交通業、観光業を中心に大きなダメージが顕在化していった。これまで不況とはすなわち「製造業の不況」であり、それがサービス業にも波及するというのが通常のパターンであったが、コロナ不況は「飲食業や観光業の需要を激減させ、それが製造業に波及するという逆の経路[8]」を辿ることになった。

筆者自身、二〇二〇年春から飲食店を中心に商店街をまわって給付金の周知活動を行ったが、夜間に酒類を提供する店舗の休業や廃業を目撃し、それが酒類卸売やおしぼり業者、厨房機器の設備投資、テナント不動産業などに連鎖、波及していく様子をつぶさに感じた。その意味で、飲食サービス業はコロナ経済危機における「炭鉱のカナリア」であった。

この危機を受けて、二〇二〇年四月、安倍政権は事業規模一〇八兆円の緊急経済対策を発表。二〇二〇年度は三次にわたり総額七三兆円の補正予算を組み、一般会計予算とあわせて年間予算規模は一七六兆円に上った。予算の歳出圧力には与野党はもとより財務省もこれにあらがえず、支援金や補助金など給付政策のオンパレードとなった。

これらの給付政策はいずれも与野党の合意争点であり、国民一人一律に一〇万円を支給した定額給付金について、野党が求めたものはその「早急な実現」であった。岸田政権下で実現した一八歳以下への再度の一〇万円給付についても、与野党論戦の内実は給付金それ自体の賛否ではなく、一〇万円すべてを現金で支給するか、五万円分はクーポンで支給するかという方法をめぐる議論であった。

企業の休業手当を国が肩代わりする雇用調整助成金についても同様であり、与野党はともにその拡充の必要性を認め、手続きの簡素化を競いあった。元来、雇用調整助成金は労働者を守るセーフティネットの一つであり、それをめぐる賛否は長らく新自由主義の闘争の最前線に位置する対立争点であった。新自由主義は人材の効率的配分と称して労働市場の流動化を進めてきたが、雇用調整助成金は零細事業者の延命を支援し、労働市場の「固定化」をもたらすものだったからである。雇用調整助成金をめぐる与野党対立の変化は、まさに「新自由主義からの脱却」がにわかに合意争点へと転化したことを示すものであった。

医療対策

第三に医療対策であり、ＰＣＲ検査や濃厚接触者の隔離、病床の拡充やワクチン普及といった課題、またそれに関連してデジタル技術の普及もこの間の政治の合意争点となった。

コロナ禍において日本の遅れがとりわけ顕在化したのが、デジタル技術であった。二〇二〇年九月、厚生労働省はコロナ感染者との接触を知らせるアプリCOCOAを開発し、行政のデジタル化を掲げる菅政権の切り札とされた。しかし、COCOAは導入後も四カ月以上にわたり、陽性者と接触があっても本人に通知が届かないトラブルが発生。ダウンロードも国民の二割程度に留まり、感染防止に効果が出るとされる六割には遠く及ばず、日本政府の「デジタル敗戦」を象徴するものとなった。

ワクチン接種についても、一部の強固なワクチン反対派を除けば、主要政党でその重要性を否定する政党はおらず、与野党の合意課題だといえよう。

しかし、ワクチン接種もまた日本は欧米に比べて大幅に遅れ、「ワクチン敗戦」といわれた。その背景には、日本におけるワクチン開発の遅れがある。一九七〇年代以降、日本では天然痘やおたふく風邪などのワクチンによって深刻な副反応が生じ、後遺症をめぐる訴訟でも国の敗訴が続いた。そのため、政府は新規のワクチン開発に対して消極姿勢に転じ、その護送船団方式の下に小規模メーカーが定期接種ワクチンのみを製造する状況が続いた(9)。

ワクチンの普及もまた、決して円滑とはいえなかった。短期間かつ全国規模のワクチン接種は前例のないプロジェクトであり、巨大な行政作業を必要とする。しかし、総合調整を行う政府、権限を持つ県、実際に接種事業を担う市区町村とで円滑な連携ができず、役割分担と情報共有を行えるようになるには時間を要した。マイナンバーの普及の遅れもあり、コロナはここでも「行政システムの機能不全」を浮き彫りにさせたのである。(10)

総じて、コロナは各国に政府機能の復権を迫ったが、日本政府がこの要請に十分に応えられたとはいい難い。

ここにあって論壇の一部からは、コロナが「主権的権力の強化」を招いているという批判や、濃厚接触者の管理やワクチン普及をもって「生権力の現代的形態」が出現したという警告がなされてきた。しかしこれらの議論もまた、どこまで日本の現状に即していたか疑義を抱かざるをえない。

このような警鐘論は、網羅的な国民管理という野望におよそ及ばない政府のお粗末な「デジタル敗戦」を前にして「監視国家」出現を語り、人を飼い生かすための行政機能さえ十分に提供できない無力な政府を前にして「生権力」の出現に絶望していたのではなかっただろうか。

コロナ禍が明らかにしたのは日本の「行政システムの機能不全」に尽きる。そうであれば、日本政治の課題は、個人のプライバシー保護と両立した政府の情報管理の効率化を図り、人々の衛生や安全を維持するための行政機能を維持拡充するといった、極めてあたりまえの「合意」を着実に履行する行政を生み出すことであるといえよう。

5　二〇二一年衆院選における「合意」と「対立」の交錯

二〇二一年衆院選は、野党は小選挙区での候補者一本化を図り、本格的な野党共闘によって自民党との一騎打ちに持ち込んだと同時に、コロナ対策を最大の争点として行われた選挙でもあった。それはいわば、安倍政治の亡霊がもたらした「激突」と、コロナがもたらした「競合」とが交錯、移行、代替されていく端境《はざかい》期にあたるものでもあった。

選挙の結果は事前の予想に大きく反し、立憲民主党が一三議席、共産党が二議席を減らして後退、自民党は微減で持ちこたえる反面、維新が三〇議席伸ばして四一議席へと躍進した。野党共闘は期待された結果を出せず、立憲民主党は連合と共産党とのあいだで自縄自縛となる「複雑骨折」に陥ることになった。

コロナ対策について見れば、医療やワクチン普及をめぐり与野党ともに暗中模索を続けるしかなく、財政政策についても与野党は給付支援を競う形となり、事実上「どんぐりの背比べ」（谷口将紀）であった。このような合意争点のなかで、野党はコロナ脱却をもたらす実行力の印象において与党を凌駕できなかったといえる。

その反面、野党がその独自性を発揮してきた安倍政権下での対立争点は、宏池会・岸田首相の誕生もあって後景に退くことになった。そもそも、安倍政権は一貫して改憲に向けた世論喚起に失敗し、二〇一七年頃から「改憲は単なるポーズとなっていた」（中野晃一）。このような世論の力関係はコロナ禍でも同様であり、御厨貴によれば「自民党が言っている憲法改正というのは、今後とも当面はできない[11]」。待鳥聡史もまた、安保法制によってすでに実質的な集団的自衛権は認められ、それゆえ「逆に九条改正論に終止符が打たれた[12]」としている。

筆者自身、二〇二一年衆院選に広島二区より候補者として出馬し、選挙直前に野党一本化をなしえ、与党自民党と一騎打ちの構図で選挙戦を迎えた。筆者の選挙ポスターのスローガンは、「コロナ出口戦略に全面協力！　政治とカネには徹底追及！」というものであり、そこには、コロナ対策での提携姿勢と、「一強体制」がもたらした権力腐敗に対する対決姿勢とのバランスを明確にしたいという意図が込められていた。もとより、その二面的メッセージをどこまで浸透させえたかは定かではなく、候補者個人の地域での活動量の蓄積においても与党に遠く及ばないまま、結果を出すことはできなかった。

選挙区での野党結集に向けては関係者の多大な尽力があり、そのすべてに感謝するとともに、期待された結果をもたらせなかったことに痛切な責任を感じている。過去五年間にわたる野党結集を求めるプロジェクトに筆者自身も当事者として関わりながら、自身が候補者として飛び込んだ政治決戦で結果を出せず、私自身、しばしのアイデンティティ・クライシスに陥ることになった。

総じて、二〇二一年衆院選における野党の敗因は、コロナを受けて政治の対立軸が「合意争点」に移行した局面変化を前に、安倍政権下の「対立争点」に適応する形で構築された野党共闘というフレームで与党に正面対峙した点にあったのではないだろうか。コロナ脱却に向けて具体的な課題解決が関心事となるなか、安倍政権の残存に対する正面攻撃を印象づけては、ややもすれば野党の「ひとり相撲」に映る可能性があったであろう。

これまで野党第一党は、いわゆる野党共闘路線か中道改革路線かをめぐり試行錯誤を続けてきた。二〇二一年衆院選は前者に軸足を移した形でそのジレンマに一つの応答を求めたプロジェクトであった。しかし、結果を踏まえると、山口二郎が述べるように、「二〇一五年の安保法制反対運動を起点とする市民運動と野党の協働という文脈はここでいったん終わることを認めるべき」[13]といえるかもしれない。立憲民主党はじめ野党のあり方は、再びしばしの模索の時期に回帰せざるをえず、その重い任務を引き受ける以外に道はないであろう。

6　不確実な時代を見据えて

これからの政治が直面する課題は、コロナはもとより少子高齢化、低成長、気候変動など、いずれも人類が共通して抱える課題であり、いわば合意争点である。そして、これらに対する明快な解決策を、われわれはいまだ見つけていない。

今後、各国がポスト・コロナに向けた出口戦略を本格化するにつれ、政府に対する期待は一層高まるが、しかし政府にできることはますます制約されていく、そのような困難な状況に政治は投げ込まれていく。イワン・クラステフがいうように、「おそらくCOVID-19がもたらすものは、いまよりもイデオロギー色は薄いがさらに不安定な世界だろう」[14]。

そこにあって、政治は、眼前の具体的な課題を一つずつ解決していくための、一見実務的でつまらない、しかし重要な「能力（competence）」を競いあう時代に入っていくのではないだろうか。

野党は、これまでの野党結集の経験で作り上げた関係資産を活かしながら、人口動態や産業構造、情報技術の変化に即応しつつ、今まで以上に具体的な解決策を打ち出すことに執着する、「問題解決型」の政治へと順応していく必要があろう。

そして、これからの日本政治は、批判と合意、対立と協力のメリハリをもった与野党対立による成熟した二大政党ブロックの育成、そしてそれによる定期的な政権交代の時代に向けて、再び模索を続ける他ないであろう。二一世紀の国家の性格も、そのような筋書きのない模索の先に浮かび上がるものであろう。

身体の成長や縮小にあわせて変わる服のように、政治もまた、時代の変化に即応した自己変容を迫られている。そして、その政治を生み出すわれわれもまた、不確実な時代を生きる胆力を求められている。

(1) 砂原庸介・稗田健志・多湖淳『政治学の第一歩〔新版〕』有斐閣、二〇二〇年、八二頁。
(2) 古賀茂明、柿﨑明二・古賀茂明・中野晃一「〈座談会〉何が安倍政権を支えているのか」、中野晃一編『徹底検証 安倍政治』岩波書店、二〇一六年、三一―三二頁。
(3) 境家史郎「選挙戦が示したもの」「朝日新聞」、二〇二一年一一月二日。
(4) 菊池信輝「政財界関係の三〇年史――新自由主義改革をめぐる攻防」『世界』岩波書店、二〇二〇年一一月号、一〇七―一〇八頁。
(5) 朝日・東大谷口研究室共同調査「漂う不安感『大きな政府』求める」「朝日新聞」、二〇二〇年四月二五日。
(6) 早川英男「競う『分配』新自由主義の落日」「朝日新聞」、二〇二一年一〇月二七日。
(7) 杉田敦「コロナと権力」、村上陽一郎編『コロナ後の世界を生きる――私たちの提言』岩波新書、二〇二〇年、一三一頁、傍点引用者。
(8) 原田泰『コロナ政策の費用対効果』ちくま新書、二〇二一年、二二二―二二三頁。
(9) 鈴木一人「『ワクチン敗戦』の敗因分析」『中央公論』中央公論新社、二〇二一年七月号、一四―一五頁。
(10) 日本経済新聞社政治担当論説委員編『コロナ戦記――政治の中間決算』日本経済新聞出版、二〇二一年、一三八頁。
(11) 御厨貴「コロナが日本政治に投げかけたもの」、村上陽一郎編『コロナ後の世界を生きる――私たちの提言』岩波新書、二〇二〇年、一三一頁。
(12) 待鳥聡史「首相交代でも変わらぬ意識」「朝日新聞」、二〇二一年五月三日。
(13) 山口二郎のツイッター（現X）、二〇二一年一一月二日。
(14) I・クラステフ、山田文訳『コロナ・ショックは世界をどう変えるか――政治・経済・社会を襲う危機』中央公論新社、二〇二〇年、二六頁。

第Ⅱ部　二〇二一年衆議院選挙を闘って

第5章　政治学者、衆議院選挙に飛び込む
――黄昏を待ちきれなかった梟

1　ルビコン川を渡る

「行蔵は我に存す。毀誉は他人の主張」

二〇二〇年、それまで東京のいくつかの大学で政治学を教えてきた私は、郷里の広島に戻り、来たる第四九回衆議院選挙に立候補することになった。すなわち、政治学者が国政選挙に飛び込むことになったのである。

ヘーゲルが述べたように、知恵の象徴であるミネルヴァの梟は、街に夕闇が降りる黄昏時に飛び立ち、その日にあった出来事を認識する。すなわち、現実が完結した後に、それを認識する学問が生じる。

その譬《たと》えに倣えば、私は夕闇が降りるのを待ちきれずに飛び立った梟だ。しかし、夕闇に飛び立つミネルヴァの梟は、では日中は何をしていたのだろうか？　と嘆呵《たんか》を切ってみたいもう一人の自

分を抑えきれずにいたのも事実である。

時折、研究の世界から政治の世界に飛び込んだ自分が、いわゆる研究者業界からどのように見られていたのか、ふと気になることがあった。いろんな噂もあるだろうが、気にしても仕方ないわけで、文字通り「行蔵は我に存す。毀誉は他人の主張」（勝海舟）という他ない。

ただ、「あいつは政治に飛び込んで学問を捨てた」と思われたとすれば、それほど私の実感と違うことはない。むしろ自分が研究してきた現代政治について、「なるほど、現場はこうなっているのか」と発見することが多かった。知識として知っていたことも、実際の経験を通じて把握することで、説明する時の言葉の説得力は格段に重くなった。

わかっていたことではあるが、大学というのは、注意深く選別された人たちが集まる極めて特殊なコミュニティである。たとえば、大学の教員控室では、おしなべて合理的判断を心がける一群の人々が、授業準備をしたりコーヒーを飲んだりしながら、「維新みたいなチンピラを誰が支持しとるんだ」、「有権者分かってないね」など、ひとしきり政治への批判めいた歓談を交わしては授業に出かけていく。

率直なところ、私自身、そういう場所にいて居心地よかった。大学にはある種の予定調和があり、学生たちも、教員が持つ単位認定権という小さな権力のために決まった時間に集まって九〇分にわたり黙って話を聞いてくれる。

しかし、選挙に身を投じた途端、上下左右に爆発的に人づきあいがふえる。これまで何の縁もなかった人々、存在さえ知らなかった職業の人々と否応なく接触する。好きか嫌いか、インテリかどうかなど構っていられない。選挙というのは、一票を求めて政治家に地域を這いずり回らせる工夫であり、立法府を担う代表に無理矢理に人と接触させて、その利害や価値観を把握させる憲法上の要請なのである。

政治業界の特殊性

いずれの産業にもその職種に固有の「業界」というものがある。それぞれの業界にはそれ固有の専門用語、内部のヒエラルキーやふるまい方のコードがあり、一定の自律性とその裏返しとしての閉鎖性を持っている。その意味で私は、学術業界から政治業界へ「業界またぎ」したともいえる。

政治もまた一つの業界である。しかし、数ある業界のなかでも政治業界には固有の特徴があり、それはすなわち「諸業界を相手にする業界」といえる。政治業界はそれだけで完結するわけではなく、自動車業界、教員業界、地方公務員業界など様々な業界に窓口を開き、それらの利害や要望を受けとめる。結果として、政治家は自ずと、様々な職業の内実を見聞《みき》きするようになる。その意味で、政治もまた業界の一つであるが、そこには同時に「諸業界とつきあう業界」という特有の役割があるのである。

本来であれば、これら様々な職業の「現場」を経験し、それから政治の世界に入ることが望ましい。その方が政治家の判断力は鍛えられるだろう。横浜市長を務めた中田宏がかつて、「政治家は三回目の人生ですべき仕事」と述べていたが同感だ。一回目の人生で自営業、二回目に公務員……といった具合に様々な職業を経験して、最後の人生で担われるべきが政治だという意味だ。しかし、当然ながら人生は一回しかない。だから誰かが、自身の未熟や経験不足にもかかわらず、あえて一回目の人生で政治を担わなければならない。それが政治家だ、というのだ。

二〇二一年衆院選が終わった後、各地でいくつか講演に呼ばれる機会があったが、二年間の政治活動を通じた私自身の経験に興味を示す人が多く、選挙の実際を伝える必要を感じてきた。政治活動にまつわる偏見や先入観を払拭するために、そして民主主義をより身近なものにするために、自分の体験を書き記そうと決めたのである。

第Ⅱ部は、「黄昏を待ちきれなかったミネルヴァの梟」による、理論と実践の記録である。

出馬のいきさつ

政治家のリクルートの仕方、すなわち政治業界への参入方法は不透明であり謎に包まれている。政党による公募も広がってきたが、候補者の発掘は依然として偶然や人間関係に依存しているところが大きい。

私の場合は、二〇一九年、「立憲アカデミー」を通じて、元厚労大臣の長妻昭さんに声をかけてもらったのがきっかけだ。長妻さんは、当時、旧立憲民主党の選挙対策委員長をされており、候補者のリクルートにも責任を持っていた。

あれは二〇一九年の冬、法政大学の校舎に西日が落ちる夕暮れ、ゼミを終えて携帯を見ると着信履歴があり、かけ直すと長妻さんだった。

「あーどうも、長妻です。もし大井さんに気持ちがあればね、広島で。われわれも候補者を探しているんですよ」。

結局、その後、数カ月にわたり返答を保留してしまったと記憶する。研究者として学術の道を邁《まい》進《しん》するか、政治に身を投じて衆院選に打って出るか、文字通り目の前で道が二つに分岐することになった。

政治的選択肢の拮抗を求めて

広島は私の故郷だ。高校時代には被爆者の聞き取り作業や、戦前の軍都「廣島」の歴史を継承する高校生平和ゼミナールの活動にも関わってきた。今思えばナイーヴな問題意識だったとはいえ、被爆の実相を受けつぐ活動を通じて、政治が持つ「バイタルな力」、すなわち人間の運命を捻《ね》じ曲げ、その生殺与奪を握る権力の恐ろしさを認識した場所だ。

大学進学を機に上京し、大学院では二〇世紀のイギリス政治史を研究してきた。主にイギリス労働党に着目しながら、福祉国家を築いてきたヨーロッパの中道左派の逞《たくま》しいうねりに寄り添い、二大政党による健全な政権交代という理想を内面化してきた。

二〇〇九年には日本でも民主党による政権交代があった。民主党政権に対する私の立場は複雑で、半分は政権に批判注文しながら、もう半分は擁護する側にまわって未熟な新政権を育てようとする二面的なものだった。どれだけ頼りなかろうとも、政治の緊張感を取り戻すためには政治的選択肢の健全な拮抗が必要であり、今はこの頼りない政権を守り育てようと。

しかし、民主党政権は東日本大震災に原発事故という未曾有《みぞう》の危機に直面し、四面楚歌のなかで自壊していった。私は何もできない自分の非力に打ちひしがれながら、夭折した子ども悼むように民主党政権への「野辺送り」（山口二郎）を行った。

そんな私にとって、二〇一七年の立憲民主党の結成は、政権交代に向けた新たな出発点であった。市民集会の最前線に立って、参加者からの厳しい質問にも誠実に応える党設立メンバーの姿を見て、自分も卵を投げる側から投げられる側にまわり、ともにこの選択肢を強くしていく必要を感じた。その意味で、郷里広島から自身もその候補者として国政選挙に挑戦することは、大変にやりがいを感じさせるものだった。

立候補を阻むもの、可能にするもの

人に選挙への立候補を躊躇させる理由は様々だ。元来、新人が国政選挙に野党から立候補するというのは極めてハイリスクな選択でもある。

私の場合、最終的に立候補にいたった背景には、独身、非正規雇用、両親の看取りといったいくつかの条件が揃っていたことが大きい。

通常、立候補を断念する理由の最たるものは、妻や夫など家族の反対であるが、私は独身であった。職業も大学の非常勤講師という非正規雇用であり、失うものは何もなかった。仮に正規雇用の准教授であれば、おそらく出馬には踏み切れなかっただろう。

また、私は二〇一七年に母親、二〇一九年に父親をあいついで看取り、両親を送る経験のなかで生の有限性を認識させられた。少し早いかもしれないが、自分の人生の残り時間についても考えるようになっていた。七〇歳前後で亡くなった両親を思うと、当時私は三五歳を過ぎたあたりだったから、ちょうど「今が人生の折り返しの点だ」という天啓《てんけい》を受けた気持ちだった。

折り返し点を少し曲がったあたりの自分の人生、残りの時間に自分はいったい何をやりたいのだろうか？　自分がいずれ死ぬとき、ベッドの上で、「あれをしておけばよかった……」と悔やむことがないよう、挑戦したいことがあればすべてやり切って死のう。そう思ったのである。

仮に両親が生きていたら、私の立候補に何といっただろうか。

親父の反応は目に浮かぶ。ルネッサンス美術史を講じる大学教授で、浮世離れしたディレッタントを地で行った親父。呆れた顔をしながら、「お前は昔から政治が好きだった。どうせやるんだろ？　お前はホントに、そういうのが好きなんだ、まったく」ってな感じだろう。

母親ならどういうか。これまで何度も政治談議を重ねてきた母親のことだ。「いよいよじゃね。応援するよ」と、まあこんな感じだろう。

おそらく、いずれも、結果的には賛成してくれたはずである。

二〇二〇年二月末、非常勤で教える東京の五つの大学をすべて「自己都合退職」し、三月初旬、広島にて長妻さんたちとともに記者会見を行った。集まった報道陣に向けて自らのヴィジョンや政策を並べ、石垣に爪をよじり立ててでも小選挙区で勝ち抜く、その決意を表明した。自分が渡ったルビコン川を見返し、もう引き返すことはできないと腹をくくった。

衆議院広島二区

私が出馬した衆議院広島県第二選挙区（広島二区）について述べておこう。衆議院には二八九の小選挙区があり、二〇二〇年当時、広島には七つの小選挙区があった（二〇二二年の区割変更で六つに減少）。

広島二区は広島県の西の端、広島市西区・佐伯区、廿日市市、大竹市、そして江田島の西半分からなり、隣は山口県岩国市に接する。有権者の数は四〇万人を数え、都市あり郊外あり山間地域あり、海あり山あり川あり、日本三景の宮島など島もありという、日本の縮図のような選挙区である。

この地域は中選挙区時代には「文部の灘尾」と呼ばれた灘尾弘吉《ひろきち》（一八八九〜一九九四年）の地盤であり、その地盤はその後も粟屋利信から平口洋へ、旧内務省系の官僚出身者によって引き継がれてきた。

広島二区の現職は自民党の平口洋衆議院議員で、旧建設省出身で河川の治水など公共事業に強い政治家といえる。ご夫人のどぶ板活動が伝説的で、選挙区内のすべての公民館に行っては手芸クラブやダンスの会などに参加し、福祉作業所に行ってはクッキーやブローチを買いまくり、民主党系の県議や市議にまで深々と挨拶するという気配りの人であった。

民主党は長らく若手政治家の松本大輔氏が挑戦しており、二〇〇五年と二〇〇九年には松本氏が当選。三菱ケミカルの労働組合を中心に、民主党の地盤も決して弱くはない土地であったが、その松本氏は二〇一七年に希望の党に移って落選。政治家引退を表明していた。

二〇一七年衆院選の結果を見れば、平口候補が九万六七一八票、松本候補が六万八三〇九票、維新の灰岡香奈候補が一万八一二八票、共産党の藤本聡史候補が一万六三〇三票であった。この力関係を踏まえ、私自身は少なくとも八万票を当座の目標とした。

2　政治活動のはじまり

初めての駅立ち

私の政治活動は、二〇二〇年四月一日朝七時、広島県の最西端、ＪＲ大竹駅前で始まった。大竹は「晴れた空、そよぐ風～♪」で知られる石本美由起作詞「憧れのハワイ航路」で知られる町だ。

小選挙区で勝ち抜く政治家は、必ず朝の駅立ちをしている。その代表例が野田佳彦さんだろう。雨の日も風の日も二日酔いの朝にも。その鉄則を見習い、私もまずは朝の駅立ちを起点として活動を組み立てることにしたのである。

とはいえ、論文執筆を生業《なりわい》とする研究者はおしなべて夜型生活。私も研究者時代は、夕方から夜半にかけてが最も生産性の高い時間帯であった。それゆえ朝がつらい。つらいゆえにそれを自分のルールに決めたともいえる。

しかし、大竹駅での初めての駅頭辻立ちは散々なものだった。一人で大竹駅に降り立ち、小さなスピーカーを腰に巻いて、マイクのついたヘッドセットで演説を試みるも、とにもかくにも恥ずかしく、言葉が続かない。自分のスタイルも定まっていないものだから、様にもならない。

前衆議院議員の津村啓介さんが、初めて街頭演説をした時は恥ずかしさのあまりマイクを握った途端に電池を入れ替えたり、少し喋ったら場所を変えたりと、「とにかくできるだけ喋る時間を短くしようと現実逃避の小細工ばかりしていた」と述べているが、まさにそれだ。

初めての駅立ちは文字どおり試行錯誤の連続であったが、いずれにせよ、港出船のドラの音は鳴った。

車の免許がないという弱点

広島二区内の鉄道路線はシンプルで、ＪＲ山陽本線が広島市の横川駅から瀬戸内海沿いに西に向けて大竹駅まで走り、それと並行して広島電鉄の路面電車（市電）も横川から宮島口まで小刻みに駅を刻んでいる。

JR 西広島駅での朝の街宣

キックオフ・ミーティングの様子

私自身の駅立ちは、ＪＲと広島電鉄の駅を毎朝一つずつ移動して行うことにした。選挙が近づくと乗降客の多い主要駅に絞り込んだが、すべての駅で朝の辻立ちを行ってきた。

私の活動上の最大の弱点は、車も免許も持っていないこと。東京暮らしが長く、車の必要性がなかったからだが、広島ではこれが後々まで活動を制約した。しかし、いつ解散総選挙があるかわからない状況で、今さら悠長に自動車学校に通うわけにもいかなかった。

それゆえ駅立ちも大変だった。大きなスーツケースに幟《のぼり》やポール、スピーカーやマイクなど道具一式を詰め込んで、それをゴロゴロ転がして電車で移動。その日の駅に降りるとスーツケースから道具を取り出しては組み立て、その駅で街頭演説を行うという算段だ。

毎朝、重いスーツケースを持って移動し、ヒーヒーいいながら駅の階段を上がる。毎日、海外旅行のために空港に行くようなものである。当然ながら体力を削がれ、疲労困憊する要因となった。

総支部長の「収入」

二〇二〇年四月に活動を初めて以来、当初、朝立ちも夕立ちも、活動はすべて一人で行っていた。党の職員も支援組織も、日ごろの活動を支えてくれるわけではない。次期衆院選の候補予定者、すなわち選挙区の総支部長とは、基本的に政党の「のれん」を借りて、あとは自分で道を切り拓き、仲間を集めて崖をよじ登ることが求められているのである。

立憲民主党から受けるのは月額五〇万円の財政支援（活動費）のみ。しかし、収入や貯蓄のない人は五〇万円のうち二〇万円を選挙区情勢調査費として、地域の政治情勢についてのレポートを提出する代わりに自由な使途にあてることもできた。

月額二〇万円、年間二四〇万円きっかりの情勢調査費。これが総支部長時代の私の「年収」だ。住民税非課税世帯ぎりぎりだが、これまで大学の非常勤講師をかけもちして生計を営んできた私としては、むしろ安定したくらいの気分だった。

支援者との出会い

政治活動を始めて二カ月、二〇二〇年六月に「キックオフ・ミーティング」を開いた。数回にわたり事務所に人を集めて、私から「ポスト・コロナの政治像」と題したプレゼンを行い、参加者と自由に意見交換するというものだ。

キックオフ・ミーティングは四〇人程度の方々の参加によって盛況に終わり、それぞれ率直に政治に対する不満や希望を語りあえる場となった。

この時に集まってくれた方々が、結果的に、私の選挙を最後まで支えてくれるボランティア、いや義勇軍となってくれた。傭兵は契約によって闘う職業兵士だが、義勇軍は志でつながった盟友である。このボランティアのなかから、その後、無所属で広島市議に当選する門田佳子さんのような人も出てきて、他人の人生を変えてしまう場にもなった。

「一生懸命に活動すれば必ず支援者が現れる」というが、私の経験はまさにそれを地でいくものだった。候補者本人が必死に、捨て身で活動に取り組めば、その意気に応えて必然的に支援者が集まってくる。しかし、具体的に誰がその支援者になってくれるかは、やってみなければわからない。支援者との出会い、それは必然的な偶然というべきものであった。

3 手探りの政治活動

「知名度」という難問

新人候補たる私の最大の課題は、「知名度」であった。要するに、選挙区の有権者が私の存在を知らないのである！　知らなければ応援も批判もしようがない。そして、自分の名前を覚えてもらうためには莫大《ばくだい》な労力がかかる。この「知名度不足」には最後まで泣かされた。

人が他人を覚えるには、三回接触して初めて「認知」につながるといわれる。Aという候補者のチラシを見て、ポスターを見て、実際に会って初めてそのAの名前をうっすら覚える。

支援者を作っていく活動とは、いわば、一人ひとりと信頼関係を作る活動である。そして、信頼関係というのは即席では作れない。

本来、信頼関係とは幼いころから一緒に遊んだり、高校や大学でともに青春を過ごしたり、あるいは職場で一緒に仕事をしたりなど、共通の経験を通してゆっくりと醸成されていくものだ。そのようにして育まれた信頼関係は強く、選挙になってもその人は確実に票を投じてくれる。

初めての選挙というのは、その信頼関係を即席で、人為的に作りあげようとするところがある。同じ人に何度も会いに行って、そのなかで自分を知ってもらい、知己《ちき》としての関係を作っていく。時間の許す限り対話をするしかなく、多くの信頼関係の芽を作る日々であった。

ポスターの威力

知名度を上げるための最大の武器は、ポスターである。常日頃から街中に貼ってある政治家のポスターをご覧になった方は多いだろう。あれは政治家本人やその支援者が、一枚一枚、家屋の持ち主に承諾をとって貼ってまわるのである。

一説には、相手候補以上の数のポスターを貼れば、少なくとも比例復活当選は確実といわれるほど重要であり、立憲民主党でも新人候補の活動をはかる基準として、選挙区でのポスター一〇〇〇枚の掲示が一つの目安になっていた。

しかし、ポスター貼りは政治活動のなかで最もハードルの高い活動でもある。ポスターをもって家々をまわり、軒先や壁に貼らせてもらえないか打診するわけだが、考えてみてほしい、ただでさえ政治について語るのを忌避するこの国の文化のなかで、自分の私有財産の最たるものである家屋に「この政治家を応援してます」とばかりにポスターを貼ってもらうことの困難を！

ポスター貼りでは、平身低頭に頼んで歩いても軒並み断られ、一枚も貼らせてもらえないまま日が暮れていく、「労多くして益なし」という日もあった。

そこにあって相手候補の平口氏はすでに当選四期のベテラン、市街や農村部の有力者を手堅く押さえ、ポスターは優に三〇〇〇枚を超えていただろう。最終的に、選挙公示までに私が貼れたポスターは数百枚程度であり、相手候補との差は圧倒的であった。とりわけ、車で山間部を走れば三〇〇メートルに一回の頻度で平口氏の「ニカッ！」と笑ったポスターが目に飛び込んでくる有様で、グギギと歯ぎしりをする思いであった。

雲一つない青空を眺めながら、いっそのこと、ジェット機を借りてこの大空に飛行機雲で自分の名前を書いたろか！と思ったほどだ。

「ガッツポーズ問題」に苦慮

政治家はまた、ポスターやチラシのために頻繁に写真を撮ってもらう職業でもある。プロのカメラマンに、スタジオでも野外でも、にこやかな顔から覇気に満ちた顔まで、直立不動から猛ダッシュする姿まで、実に多くの写真を撮ってもらう。

写真撮影の際には、私がひそかに「ガッツポーズ問題」と名づける課題もあった。すなわち、カメラマンが私に、やたらと拳を突き上げたガッツポーズやファイティングポーズをとらせたがるのである。維新の若手男性政治家が流布させたのか、おそらく、カメラマンのイメージのなかに「政治家＝力強さ＝ファイティングポーズ」という固定観念があり、とりわけ若い男性にその姿勢を取らせたがる。

支援者のお宅にポスターを設置させてもらう

ポスターの設置依頼は最も難しく、しかし
知名度の向上に欠かせない活動であった

礼節を重んじるスポーツでは派手なガッツポーズは控えられるし、私のキャラとも異なるので、実のところ、私はファイティングポーズが苦手であった。

しかし、写真撮影はカメラマンと被写体とが息をあわせる流れも大事なので、「ハイ、では次は拳を立てて〜」といわれても断ることもできず、内心「この写真は使わないだろうなぁ」と思いながらカメラマンの要求に応えるのだった。

個別挨拶と直接対話

個別挨拶は、知名度をあげるための最も地道な活動であると同時に、有権者の政治への感覚を肌で知るための最も確実な方法である。

突然、家のピンポンを押せば、住人に不審がられたり煙たがられたりするのは当然である。それゆえ、どういう目的でお邪魔したのかという「理由」が大事になる。

私の場合は、「次の選挙に立候補予定の大井赤亥です。選挙になりますと街宣カーでお騒がせしますので、事前にお詫びにやって参りました。ついては……」というような口上で話を切り出し、相手にその気があれば政治への不満や意見がぽつぽつと出てきて対話に展開される、という状況だった。

人と繋がる最大の活動は、何より対話、すなわち直接的な相互対話だ。街頭演説は、頑張っているように見えるが、しょせんは一方通行。自分の信念や主張を一方的に発散しているだけのことも多い。それよりも対話の方がはるかに困難で重要だ。

対話には筋書きがなく、有権者は思いもよらない意見をぶつけてくる。介護保険について聞かれたかと思えば中国による日系企業への介入について尋ねられ、空き家対策を問われたかと思えば口《こう》蹄疫《ていえき》への備え不十分だと言われる。こちらに知識がなくて困惑当惑したり、気疲れしたり、面子《めんつ》を潰されることもある。

それでいてなお、このような直接的対話こそ政治家にとって最も大事な活動であり、またそれから逃げずに向きあう誠実さが求められる。

根性試しのマラソン街宣

駅頭に始発から終電まで立ち続けるマラソン街宣も五、六回は行った。これは根性試しのようなもので、都市部の若手政治家がしばしば行う企画である。朝の通勤通学の際に私を目にした人々が、夕方帰宅する時にもまた私を見て、「まだやってるのか！」と、その根性に感心してくれるというわけである。

マラソン街宣は体力的に消耗が激しく、一人で行う時は街宣道具をおいたまま急いでトイレに走らなければならないなど大変だ。しかし、通勤客との対話が生じやすい。また、ボランティアや支援者が入れ代わりで応援に来てくれたりもする。

もとより、自分は終日いるのにボランティアの人は交代で来るため、夜八時すぎ、こちらがへばってきたところに突然テンション高く応援に来てくれる人もいたりして大変だったが、それも含めてマラソン街宣の一興といえる。

SNSによる空中戦

政治活動においてSNSが重要な位置を占めるようになって久しい。政治家にとってFacebook、ツイッター(現X)、You Tubeなどは必須の活動項目となっている。これらは、個別挨拶などの地上戦と比べて、空中戦と呼ばれている。

しかし、私の感覚では、SNSは「しないよりした方がよい」程度のものであり、挨拶まわりなどの伝統的な政治活動の方が今なお遥かに重要である。

現在の選挙制度では、選挙区は地理的空間に応じて設定され、有権者は地域に紐づけられている。衆議院の小選挙区は人口三〇万~四〇万の規模であり、まず何よりその地域の人たちと顔をつきあわせて直《じか》に繋がることが大事なのだ。

その傍証として、私のツイッターのフォロワーは選挙公示の直前には四〇〇〇人に上っていたが、その内訳は日本全国に広がっており、広島二区に住んでいる有権者はわずかであっただろう。他方、相手候補のツイッターのフォロワーは三〇〇人くらいのものであった。しかし、それは選挙の結果とは無関係だった。

SNSはネットを通じて全世界に拡散されるが、それがリーチする対象は広く浅い。いわば、大海に墨汁一滴を垂らすようなものなのだ。

それよりも、小さな水たまりでいいから、しっかりと自分の色を浸透させる活動が大事になる。その地域での局地的な知名度というのが重要なのであって、極論すれば、選挙区から一歩出れば無名でも構わない。そのような局地的な知名度というのは、やはり地道に地域を歩き、有権者と触れあうことで培われる。

ツイッターの使い方も要注意だ。まず何より、ツイッターはエコーチェンバリングを起こしやすい。フォロワーが自分の熱心な支持者ばかりになりがちなのだ。ツイッターでの好反応を世間一般の反応だと勘違いしてしまうようでは、あまりにナイーヴといわざるをえない。

私はいつごろからか、ツイッターはもっぱら、(1)朝街宣の活動報告、(2)その時々の政策課題、(3)集会やイベントの告知に限定して使うようになった。

また、ツイッターでは匿名アカウントからの嫌がらせや無責任な批判、いわゆる「クソリプ」が飛んでくることもある。しかし、これも法則があって、一〇〇件の「いいね」がされると必ず一つ「クソリプ」が飛んでくる。もちろん、その度にカッカしていては失格だ。「クソリプ」が一つ来たということは、「ああ、『一〇〇いいね』されたんだな」と思い、むしろ多くの人にリーチした証拠としてポジティヴに受けとめるくらいの構えも必要になる。

また、ツイッターで「クソリプ」が飛んできても、絶対に論争しないことだ。SNSでの粘着質な論争は、その内容がどうであれ、その人の評判を下げる。しかも、相手は匿名アカウントなわけだから、実名でやっている政治家の信用を下げるだけで終わる。どう転んでも、感情を制御できない、自己抑制できない人という印象になってしまうのだ。もちろん、飲酒してのツイッターも禁物である。

ビデオ・メッセージの活用法

政治家のビデオ・メッセージは、欧米に比べて日本が遅れている分野であり、その分、伸び代のある分野だ。

アメリカのオバマ元大統領は、独立記念日や父の日などの折に三分ほどのビデオ・メッセージを発信し、政治家として、また市民としての親しみやすい姿を演出した。イギリスのキャメロン元首相も、イースターや旧正月の際にビデオ・メッセージをアップしては、移民や少数民族への配慮を示して国民融和を訴えた。

最も成功を収めたビデオ・メッセージは、二〇一五年のEU離脱投票の最中にイギリスのブラウン元首相によって発信されたものだろう。第二次大戦でナチスによって破壊されたコベントリー大聖堂を舞台に、ドローンを駆使してドラマチックに撮影。EUからの「離脱（leave）」ではなくその「主導（lead）」を訴えたもので、再生回数は六〇万回近くに及んだ。これらの動画はいずれも芸術性に優れ、短いながらも情報量に富み、主張にはインパクトがある。

それらに比べると、日本の政治家のビデオ・メッセージは発展途上という感が否めない。何より、

今朝、目を覚ますと、ホンジュラスが
核兵器禁止条約の50か国目の批准国となって

核兵器禁止条約の発効を祝うビデオ・メッセージ

政治家自身がビデオ・メッセージの持つ威力や影響力に自覚的でない。画面背景にこだわりのないもの、カメラが回っているのに緊張感のないもの、事務的な報告になっているものなどが多い。

とはいえ、これもやってみると難しい。ビデオ・メッセージは一分間一発勝負なので、一語でも間違えたらアウト、一回でも噛んだら終わりという緊張感がある。準備すれば良いものが撮れるというわけでもなく、勢いでやったら傑作が撮れたりして予測不可能。スマホのカメラを回す撮影者との相性やリズムも大切になる。

しかし、やはり肉声での発信はその候補者の人となりが最も伝わるものであり、今後の活用が期待される。

「街宣車問題」にいかに向きあうか

候補者には、いわば「街宣車問題」とでもいうべき葛藤がつきまとう。街宣車や選挙カーは、知名度上昇には欠かせないが、赤ちゃんを寝かしつけたばかりの親御さんや、夜勤明けで日中に寝る労働者などからは迷惑がられるという。その街宣車にどう向きあうかという、選挙にまつわる古典的葛藤である。

わが陣営でも、背に腹は代えられず、地域を狭く深く掘る個別挨拶のみならず、街宣車を選挙区に走らせて浅く広く知名度の浸透を図ることになった。そこで登場したのが真っ赤な街宣車であり、わが陣営では「赤車《あかぐるま》」と呼ばれることになった。

元外務大臣の岡田克也さんの地元活動は、田舎道に時速五キロで街宣車を走らせ、人がいればチラシを持って車を降り、駆け寄って対話するそうである。それを参考に、私が助手席に乗って演説しながら車を流し、人がいれば降りて対話をする活動を行った。私が同乗しない時は、テープレコーダーに私の演説を録音し、支援者の皆さんにそれを流しながら車を運転してもらった。

予想に反し、「うるさい」という苦情はほとんど寄せられなかった（もちろん、内心迷惑と思いながら受忍していただけかもしれないが）。事務所に苦情があったのは、テープレコーダーのボリュームを間違えて大きな音を出してしまった一回だけだった。むしろ、街宣車を走らせていることで「あぁ、頑張ってるね」、「あそこで見たよ」と応援の声をかけてくださる方々が多かった。

赤車《あかぐるま》を用いた街頭演説

自転車に幟を立てて地域をまわる

自転車に幟をはためかせて

様々な活動を試したが、私にとって最も肌にあったのは自転車街宣だった。自転車の後ろに幟を立てて、奇異な目で見られながら街中を走りまわり、小さなきっかけを掴んでは人と対話をするという活動である。

ホームセンターにいって水道管のような管《くだ》を購入し、留め具を工夫して自転車の後部に幟旗《のぼりばた》を立てる。自転車の前カゴには山のようなチラシを積んで、私自身も「本人」と書かれたタスキを着用し、「行ってきま〜す」と事務所を後にする。

あとは一日中、市内をグルグル回り、暗くなって事務所に戻るという活動だ。繁華街や信号待ちの時など、周囲の人からジロジロ見られれば見られるほど多くの人にリーチできているという実感を肌で得られた。目立つことを最優先する活動スタイルなのだが、実際、これが最もやりがいを感じるものであった。

二〇二一年夏は、この自転車街宣の活動が中心になった。朝から駅頭立ちをして、その後、街宣車は私の演説テープを流しながら支援者にまわしてもらい、私は幟を立てた自転車で住宅街や商店街を攻め、夕方になると街宣車と再び合流して、スーパーで街頭演説をして一日の活動を終える。そんな日が続いた。

今でも、自転車に幟をはためかせ、夏の日差しのなか、一人で廿日市の海風のなかを走りまわった記憶がよみがえる。

第6章　コロナに試された日本政治
――政治不信のなかのパンデミック

1　コロナ禍の商店街めぐり

事業者支援策の周知活動

私の政治活動は、日本社会がコロナに苦しんだ三年間とぴったり重なった。二〇二〇年四月一六日には緊急事態宣言が全国に拡大され、駅立ちは一旦中止せざるをえなくなってしまった。かといって何もしないわけにはいかない。そこで思いついたのが、飲食店をまわってコロナの支援策を周知する活動だった。これは私にとって、自分の知見を開かせ、社会の実情を認識させるとともに、政治の役割を再確認させる極めて重要な経験となった。

コロナによる外出規制が広がると、政府や自治体から給付金などの経済対策が次々と発表された。接客業を中心に、事業者の減収分を補償したり休業手当を国が肩代わりしたりするものだ。

これらの支援策はとても大事だが、制度の内容が分かりにくく、申請方法も煩雑で、事業者にとっては自分がその支援対象に該当するのか判断の難しいものも多かった。

厚労大臣を務めた長妻昭さんから聞いた話に、民間企業では良い商品ができると熱心に宣伝するが、役所では良い制度ができると多くの申請者が来てしまうので、努めて宣伝しない文化があるという。事実、二〇二〇年七月の「選挙ドットコム」の世論調査では、人々にとってコロナに関する情報源はテレビ四七％、ネット四〇％に比べ、行政の公報は一％であった。

そこで、行政情報を周知するところに政治の役割があると考えたのである。さしあたり、持続化給付金や雇用調整助成金についてネットで情報をかき集め、制度のポイントを分かりやすく伝えるチラシを作成して、商店街を一軒一軒まわって説明することにした。二〇二〇年はひたすらこれを繰り返す日々だった。

暗中模索の飛び込み訪問

「嘲笑せず、嘆かず、呪わず、ただ理解せよ」（スピノザ）。

コロナ下の飲食店まわりに明け暮れた際、私の念頭にあったのは哲学者スピノザのこの言葉であった。自分の意見や感想は一旦脇において、まず現状を正確に理解すること。コロナ危機の下で働く人々の意識や価値観を、とにかくリアルに、ありのままに掴むこと。

何もかも試行錯誤のなかでの開始だったが、まずは自作のチラシと名刺を大量に抱えて、商店街をのべつ幕《まく》なし、無差別的に訪問することから始めた。

初日は、「自営業」という括りを目途に飛び込み訪問を始め、飲食業、小売業、クリーニング、理髪、薬局、卸売業などを目についたところから片っ端に飛び込んでいった。

突然の飛び込み訪問に追い返されるのも覚悟していたが、反応は意外にも好意的なものが少なかった。丁寧に迎えられる店舗ほど困窮しており、不信、迷惑、煙たがられる店舗ほど相対的に経営体力のある店舗という印象があった。

とりわけコロナの影響を強く受けているのは飲食業であり、その次に小売業、理髪、卸売業という様子。飲食業でも「お酒を提供して夜営業を行う業種」へのダメージが最も深刻とわかってきた。また、そういうお店では持続化給付金の説明が非常に喜ばれて感謝された。

「炭鉱のカナリア」としての飲食店

初日の傾向を踏まえて、二日目はもっぱら酒類提供をともなう飲食業をまわることにした。焼肉、お好み焼き（鉄板焼き）、小料理、イタリア料理、洋風酒場などである。

コロナの影響はどこも同じで、二月は通常売上、三月に入りにわかに売上下降、四月は激減で、五月には休業のタイミングを見計らっているという状況。ランチなど昼営業はまだ近隣のサラリーマンなどの集客で凌《しの》げるが、夜はまったく人が来ない。テイクアウトやデリバリーに活路を見出して工夫もしているが、夜の売上減をカバーするには程遠い。

これまでの不況は、まず製造業の不振から始まり、それが下請け、孫請けに波及し、最後にタクシーや接客業に波及するものであった。しかし、コロナ禍では飲食業に真っ先にダメージがあらわれ、その後、不況は酒類卸売、おしぼり業者、厨房機器などの設備投資、不動産テナントなどに波及していった。その意味で飲食店はコロナ危機における「炭鉱のカナリア」であった。

驚くべきことに、私の飛び込みでの支援策周知活動は、大半の飲食店では大変に温かく受け入れてもらった。突然の闖入《ちんにゅう》者として門前払いされるかと思いきや、むしろお店の方が熱心に現下の苦境と支援策の拡充を訴えることが多かった。

個人事業主の立場にたてば、与党も野党もない、とにかく「政治」が悪い。行政からの支援策についての断片的な知識は聞き及んでいるが、書類を読み込む時間はない。そこに「次期衆院選の候補予定者」を名乗る人物が飛び込んできたのだから、あれこれ意見が出てくるのは当然といえば当然であった。

三日目に掴んだコツ

物事のコツを掴む段階は三の倍数というが、私の支援策周知活動も、三日目くらいからそれなりの要領がわかってきた。商店街をまわっては、飲食店の規模、店構え、メニューを見ただけでおおよその状況予測がつくようになったのである。

コロナ禍で最初に廃業の危機に直面したのは、地元に根差した、零細で個人経営の飲み屋さんであり、以下の共通点があった。

＊居酒屋、小料理、洋食などで「半食事屋・半飲み屋」のような形態の飲食店。
＊夫婦、家族、あるいは店主と従業員一～三人程度の店。
＊個人経営、あるいは地域に二、三店舗程度の規模で営業する店。
＊日頃から大規模店に客を取られ、地元の居つきの常連客以外はあまり来ない店。

初めて会った飲食店の店長に、ぶしつけに店の売上を聞けば、当然ながら怒られるだろう。しかし、信頼関係ができたり、話の流れで自然に聞けば、売上や家賃の具体的数字も知ることができた。たとえば、あるお好み焼き屋さんのケースでは、好景気の時の売上は最大で一日一六万円だが、現在は一日二～三万円。軽食喫茶で通常時の売上は一日三～四万円だが現在は一日一万円。イタリア料理屋で通常の売上は一日六万円だが現在は一～二万円といった具合だ。一日の売上が七〇〇〇円程度のお店もざらにある。

もとより、これらの飲食店のなかには、日ごろからすでに厳しい経営状態にあり、ややもすれば衛生や美観の点で経営努力もそれほどしていない店舗もある。それらがこの不況で決定打を受けている様子であった。

一九九〇年代以降の日本政治を席巻《せっけん》した「改革」の趨勢は、こういった零細事業者の転廃業や淘汰を促進してきた。自然災害などの危機状況を大胆な市場改革につなげようとする「惨事便乗型資本主義」、すなわち「ショック・ドクトリン」にしたがえば、コロナ禍はこれら零細事業者を一掃する「好機」であっただろう。

しかし、街を歩けば歩くほど、現実の人間社会はチェスの駒を動かすようにはいかないことが実感される。いかにお客が来なかろうが、いかに「生産性」が低かろうが、そこには現に雇用があり、それによって生身の人間の生活が支えられている。市場の「合理性」と必ずしも折りあわない、市民社会の「合理性」に肌感覚で直面するのである。

興味深いのは雇用調整助成金だ。労働基準法では企業都合での休業の際は賃金の六割を雇用主が負担しなければならない。雇用調整助成金は、この休業手当を国が肩代わりして支給する制度であり、コロナ禍を受けて急速にその利用率が高まった。

仕事を失った人への失業給付とは異なり、雇用調整助成金はそもそも「労働者が失業しないように」零細経営者を支援するものであり、それはいわば労働市場の流動化ならぬ「固定化」をもたらす。それゆえ、不振に陥ったゾンビ企業を延命させ、産業の新陳代謝を遅らせるとして「改革派」の政治家や学者からは批判を受けてきた。

しかし、高度成長期とは違って成長産業の伸び代の見えない現在、失業者が新産業へと吸収されるのも容易ではない。むしろ、雇用調整助成金の縮小は生活保護の増加や社会不安をもたらすだろう。コロナ禍の現場に新自由主義をめぐる闘争の最前線を見る思いがした。

建前抜きの「声なき声」

お店のなかで一対一で経営者と話をすれば、様々な「本音」を問わず語りに打ち明けられることも多かった。

「どうせわしは支援金もらえんじゃろ。役所の窓口で『あれがない。これがない』と跳ね返されて終わりよ」（焼肉屋）。

「お客さんのコロナへの意識が低く困る。カラオケの帰りなどで来店する客もおり、店員が感染しないか心配」（お好み焼き屋）。

「向かいの店は営業しとるのに嘘ついて補助金をもらって、たっぷり肥えとる。こすいのぉ」（お好み焼き屋）。

「生活保護をもらってる人がパチンコ帰りに朝から酒を飲みに来る。どうにかならないか」（立ち食いうどん屋）。

二〇二〇年五月頃は飲食店にとって最も悲惨な状況であり、政治に対する鬱憤《うっぷん》をぶちまけられることもあった。とある居酒屋で、のれんをくぐって挨拶するやいなや、大柄でこわもての大将から「お前にいったい何ができるんや⁉」と怒鳴られたこともある。夕暮れ、ちょうど開店前の店内で帳簿とにらめっこしていたようで、経営の行く末は煮詰まっていたようだった。

とはいえ、コロナが生じたのは私の責任にはあらず。こちらも動じずに「いえ、支援策の説明に来ました」と述べて、申請の条件や方法を説明した。次第に大将も理解してくれ、この間の苦境を吐露しながら、最後には「お前がほんまにこれをできるなら、わしお前のチラシなんぼでも撒いたるよ」と感謝してくれた。地を這った対話ならではの粋《いき》と感じた。

商店街まわりも一カ月をすぎると、お店の面構《つらがま》えで店主の反応もあたりがつくようになった。最も手ごわいのは、三〇代～四〇代くらいの比較的若い夫婦などが開いた、少しスピリチュアルも入ったお洒落なオーガニック系料理屋、あるいは若く芸術家肌で、ややヒッピー風の店主が経営する服飾や雑貨屋などだ。これらの人々は独自の考えを持っており、妙に自信家で強固な自我があり、それが転じて「ノンポリ」を正当化する。支援金の説明をしても、「俺は俺だから！　選挙とか関係ねえから。大事なのは自分だから！　俺は俺だから！」といった反応で取りつく島がない。これには一番閉口した。

またある日、焼き肉屋の暖簾《のれん》をくぐって中に入ると、昼なのに暗い店舗の厨房奥に大将が佇んでいる。給付金の申請をめぐり一通りの会話が終わると、大将がポツリといわく、「政治もいろいろやってる様だけど、どうせ俺たちのことは『他人事』じゃないの？と思ってしまうよね――」。

その「他人事」という言葉の響きが残り、私も二の句を継げなかった。

図らずも私の政治活動はこの商店街まわりから始まったわけだが、飲食店への飛び込み訪問を繰り返すまでは、その実情を「わが事」としてはイメージするのは到底困難だった。また、国会議員として永田町にいけば、相当に意識してどぶ板の活動をしなければ、事業者の苦境はすぐにまた「他人事」になってしまい、感覚は社会と「乖離」してしまうだろう。

同時に、われわれの生活を「他人事」と思う政治は、政治を「他人事」と思うわれわれの生活の帰結でもある。それは詰まるところ、コインの裏表の関係にある。

本来の民主政治の姿は、「公とは最大の私事」（福澤諭吉）。しかしその建前ははるかに実感から遠い。「他人事」と「他人事」の悪循環を逆転させる道筋を模索させる経験であった。

商店街めぐりに明け暮れた二年間

二カ月ほどで選挙区内の主要な商店街は一通り訪問を終えた。政治家の「御用聞き」とは、徒歩でやれば営業マン、自転車でやれば新聞配達といった様相だ。

当初は研究者としての経験を活かして「政治学市民講座」を柱とする活動計画を立てていたが、それは完全に頓挫。しかし、コロナ禍の商店街での活動は確実に有権者に響いているという実感があり、二〇二〇年六月からは二巡目を開始した。一巡目ではビル一階の店舗だけという場合も多かったが、二巡目はさらにきめ細かく、雑居ビル二階のダンススクール、三階のまつ毛エステなども訪問し、事情を伺って歩いた。

二巡目なので、「先日はどうも……云々」など話のとっかかりが多く、少しだけだが名前を覚えてもらえた。しかし、コロナ第二波が忍び寄り、先行きは極めて不透明であった。

コロナ禍の宮島も訪れたが、観光客が忽然と消えて恐ろしいほど静寂に包まれていた。お土産屋や飲食店はすべてシャッターが下りており、観光ホテルの経営者によれば、ホテルは四月、五月は完全休業。夏の予約も例年比二割という。無人の島はむしろ「神の島」としての相貌を感じさせたが、宮島では自作の支援金チラシをポスティングしても鹿に食べられないよう気をつけなければならなかった。

その後一年以上にわたり、行政から支援策が発表される度にその説明活動に繰り出した。二〇二一年春までには三巡目、四巡目くらいになり、顔を覚えてもらったところも多い。挨拶に伺うと「お茶飲んでく？」と声をかけてくれる店舗もあった。

肌感覚の景気把握と統計データ

自分の足でのべつ幕なしに地域を歩くことは、現実を知るための最善の方法である。うどん屋のおかみさん、服飾雑貨の店員、中小企業の社員さんなど様々な方々の事情を伺うと、自分のなかで現在の暮らしや景気の状況についてうっすらとイメージができてくる。そして、その肌感覚をおよそ一週間後に「日本経済新聞」が記事やデータで裏付けるというような経験が続き、自身の活動に自信を持つようになった。

居酒屋の夜営業が立ちいかず、お弁当販売に切り替えたという事業者が急に増えたと思えば、その数日後に新聞が「外食、業態転換を加速」と報じる。誰一人宿泊客のいないホテルや旅館のロ

商店街での活動中に

ビーを見てこれは大変だと悟ると、その一週間後にまた新聞に「宿泊業の倒産急増」という記事が出る、といった具合だ。しらみつぶしに訪問しての個別挨拶は、最も確実に社会の今を理解する近道にして王道だと実感した。

2　政治の使い方

地域の名士の政治操縦術

商店街に飛び込んで誰彼となく話を伺う活動は、時に人疲れもするが、しかしそういう経験でこそ感じられることもある。

誰しも、突然の訪問者をいぶかしがるのは自然の理だろう。それでなお、語弊を恐れずいえば、比較的「温かく」迎えてくれるのは、商工会の会長やちょっと大きな店舗のワンマン社長のような人、町内のまとめ役のような居酒屋の店主など、端的にいえば比較的高齢で社会的立場のある地域の名士のような人たちだ。

急いでつけ加えれば、「温かく」というのは、野党を支持しているという訳ではなく、「特定政党の候補予定者を奇異に受けとらず接してくれる」程度の意味である。

こういった地域の名士たちは、基本的に保守系なのだが、しかし私を門前払いせず、感心しながら、あるいは「野党もしっかりしろ」という叱咤《しった》を含めて、「普通の訪問者の一人」として受け入れてくれる。

「自民党さんは頼みごとを必ずやってくれるから頼りにしてるが、国政ではお灸をすえなきゃいかん時もあるし、君の話も聞いておこう／名刺もらっておこう。こんな飛び込みで珍しいね。厳しいことも言ったけど、うん、まあ、頑張って」といった感じだ。

こういう人たちは、自分の業界の利益のために、あるいは地域のお困りごとの解決のために「政治」を使いこなす。基本的には保守系支持ながら、時に手厳しく政権に注文をつけ、「野党にも頑張ってもらわんと」と、双方を秤《はかり》にかけながら、憎いくらいに競わせる。

本命与党としての自民党をキープしながら、何かあった時の「保険」として一応、民主党系野党にも「話を聞いておく」といったスタンスで、「政治の使い方」を熟知する卓越した有権者だと感じさせられる。

若年層と政治の距離

他方、三〇代くらいの店主で、おしゃれなバーや創作料理、あるいは一見「自然派系」のお店などを展開している店舗では、「衆院選の候補予定者で……」と切り出した途端に、「あ、結構です」、「え、困ります」と、鼻から関わりを拒否されることが多い。

そして次第に、そういう反応は、立憲民主党だからというより「政治がらみ」だからだろうと感じるようになった。

「政治」が自分の領域に入ってくるのは困る。自分がどこかの「政党」とつきあうとマズイ。「政治の話」はハナから関わらないのが一番だ、というような。「昼から政治の話なんて困ります!」という反応だ。

そういう反応は、実は私もよくわかる。私の同世代で、親子が日常的に政治談議をしてきた家庭などなかっただろうし、高校でも政治について教わらず、大学で友人たちと政論を交わしたという機会もほぼないだろう。

若年世代にとって「政治」は近寄りがたいもので、「全面肯定か、さもなくば全面否定か」という態度決定しか残されていない。そして、突然の訪問者にもちろん「全面肯定」するわけはないので、残る選択肢は「全面否定」だけ、となるのではないだろうか。

その結果、若年層は「政治」をうまく使えていない。たとえば大学生で定期的に政治家に接点を持ち、奨学金拡充を掲げて与野党に接近し、双方を秤にかけて競わせるような圧力は著しく弱く、大学生は「層」として政治に影響力を行使できていない。

それはそのまま、世代別の投票率にも示されており、二〇二一年衆院選を見れば、六〇代の投票率は七一%なのに対して二〇代の投票率は三六%であり、二倍の開きがある。

そこにあって、とりあえず私としては、「たかが政治」と思って「政治の使い勝手」を吟味する、そんな「たかが政治」のススメを提唱してみたいと思っている。

政党や政治家は、有権者が自分の得になるように使うための手段にすぎない。どんな小さなこと

選挙戦の最中に有田芳生参議院議員と商店街をまわる

でもいい。自分の意見や利益のために、自分に得になるように、政治を使ってほしい。政治家も政党も、総理大臣も野党党首も、自分の利益を実現させる手段にすぎない。

私と同世代の有権者が、そんな小さなきっかけから「政治の使い勝手」を感じ、自分の得になるように政治を使い、そういう仕方で政治への関わりと関心を回復してほしい。それはそのまま、政治家がいかに「使われ甲斐のある活動」をするかにも懸《かか》っている。

3 コロナ禍と「身を切る改革」の磁場

「お上」への不満

商店街をまわって痛感したのは、政治に対して「身を切る改革」を要求する有権者層の分厚さでもあった。

民間事業者のあいだに沈殿《ちんでん》するのは、第一に、行政への不満だ。コロナ禍のなかで様々な支援策が出されてきたが、行政の出す申請書類はわかりにくい。窓口に行けば上から目線だし、担当先の電話番号はつながらない。受理されたとしても給付金が振り込まれるまで長い時間がかかる。

事業者にとってみれば、制度の複雑な名前や仕組みなどには興味がない。関心事は「自分が給付をもらえるのかどうか」、「もらえるならいくらもらえるのか」に尽きる。そこにあって、テレビで橋下徹が繰り返す、「行政はもっとわかりやすくやれ！」、「政治家はいくら給付するかの判断だけしてそれに責任を持て。役人がそれを設計するだけだ」といった発信が、いわば事業者の「ニーズ」にあっているのだ。

思い返せば、大阪の街金業者を主人公にした青木雄二の漫画『ナニワ金融道』（講談社）で、最もいやらしく描かれているのは役人だった。日雇いや水商売、運送会社のドライバーなど、汗水たらして働く市井の人々に比べ、ぬるま湯のような職場環境ながら態度だけは居丈高な公務員が「お上」として対比されるのである。

青木雄二は熱心な共産党支持者だったが、大阪のこのような反権力、反「お上」感情が、橋下徹によって巧みに吸収包摂、換骨奪胎され、大阪における維新の原動力になったのではないだろうか。

蔓延する嫌税感

飲食店への訪問活動を続けて痛感したのは、第二に、事業者における嫌税感や痛税感である。すなわち、自営業者の多くは、自分たちが税金を払っている意識は強いが、自分たちが税金の恩恵を受けているという実感が極めて乏しい。

不況の時に行政が何してくれた？　起業や開店の際には規制や行政指導で様々に細かい注文をつけながら、不景気で苦しい時に行政が助けてくれたか？　儲かろうが倒産しようが自己責任。そういう厳しい環境でやってきた。それでいて政治家も官僚も税金で飯食って、国会で居眠りしている。それなら民間と同じように「身を切れ」、というわけだ。

「税はしょっぴかれるもの」、「政治家や公務員は税金の上にあぐらをかいている」、「コロナがあっても自分たちは自己責任」……。このような意識の上に、維新がテレビを通じて言い立てる「身を切る改革」は、砂漠に水が染み入るように浸透する。

商店街のタバコ屋の店主が述べた言葉が大変印象的だった。すなわち、「民間の仕事はお金を稼ぐこと、公務員の仕事はお金を使うこと」。民と官では実入りの出所が違う、すなわち下部構造が違うのであり、それゆえ政治に対する利害や価値観も少なからず異なってくる。

そこにあって、行政の無駄を省き、政治家や公務員の特権を剥《は》ぎとるという掛け声は、事業主の立場からすれば理屈があっている。「既得権」にまみれた自民党とそれに対峙する維新という構図は、単なる「虚偽意識」ではなく、実態的な利害対立に基づいている。

飲食店の旦那さんから、「君に期待しているよ。維新の吉村知事や君みたいな若い人にやってもらわないと」などと励まされることも少なくなかった。

「公共」と「民間」の新しい関係のために

一九九〇年代以降の日本政治を席巻した「改革」は、「官と民」、「役所と企業」あるいは「公共と民間」といった二項対立の下に、後者の論理を前者に適用することを求めてきた。二〇一〇年代以降の維新は、そのような「改革」が生み出した鬼子であったといえる。

しかし、コロナ禍はまた、巨額の財政出動と「大きな政府」への復帰を余儀なくさせ、矢継ぎ早に出てきた支援策によって民間事業者も相当に税金の恩恵に与った。民間事業者にこれほど大規模な行政からの援助制度が設けられたのは、前例のないことであった。

「民間」は一生懸命に税金を払ってきたのに、いざ自分たちが苦境に陥った時、「行政」がそれを見殺しにするなら、もう税金を払うのを止めようとなるだろう。当然だ。その結果、「民間」が減税を要求し、「行政」はますます先細り、結果として「民間」は頼りない「公共」をさらに批判するという悪循環に陥る。

しかし、コロナ禍にあって民間事業者に様々な公共的原資がつぎ込まれた経験は、「官と民」のあり方に変化をもたらす可能性も秘めている。

これらの財政出動を支えた発想は、街の飲食店もホテルもタクシーも「社会インフラ」と捉えて、危機の時は税金で公共的に支えるという視点だったはずである。街の蕎麦屋は、コロナが収束すれば再び地域の社交場として復活する。コロナ禍は、民間事業者にも「公共性」を認め、そららを「社会インフラ」と捉えて支援するきっかけでもあった。

それゆえ、「公共と民間」という二項対立を脱却し、むしろそれら双方の相互依存性へと目を向けるべきではないか。未曾有《みぞう》のコロナ危機は、「公共と民間」の分断をさらに深めるのではなく、双方のより建設的な関係を構築できるかどうかの分岐点でもある。税を連帯の手段へと転換させる、そのような発想の先に、われわれの社会を支える公共性の復権がなされるはずである。

第7章　政治家だけが知りえること
――民衆との「接触」を強いる選挙という工夫

1　選挙は何のためにあるか

立法府の特殊性

　司法・立法・行政という三権のなかで、法曹には司法試験、行政職には公務員試験という資格試験があるのに、立法府への人材登用にだけ資格試験がない。それゆえ、国会には政治の基本的な知識や教養を欠いたトンデモ議員が入りこんだりする。だから、政治家にも最低限のペーパー試験を課した方がよいのではないかという声も根強い。

　しかし、三権のなかで政治家のみが選挙という摩訶《まか》不思議なドンちゃん騒ぎを課せられてもいる。選挙に際して政治家は、社会のなかで民衆と触れあい、交流し、意見を聞くことを強いられる。叫び、走り、手を振り、最後は絶叫して泣き落とす、選挙という世にも不思議な儀式を通り抜けていかないといけない。好き嫌いなどいっていられず、候補者は群衆の海に飛び込んでいく。

イタリアの革命家A・グラムシは、知識人がその独自の知的偏頗《へんぱ》性を克服する手段として、民衆との「接触」をあげている。「大衆分子は『感じる』けれども、いつでも理解し、あるいは知るというわけではない。知的分子は『知る』けれども、いつでも理解するとは限らないし、とりわけ『感じる』とは限らない」（グラムシ）。それゆえ知識人は、民衆との「接触」によって現実を感じ取り、高等教育では知りえない市民社会の合理性を学ぶというのである。

これに倣えば選挙とは、政治家に有権者と「接触」を強いる契機であり、それゆえ政治家は、資格勉強がもたらす「合理性」とは異なる、市民社会の「合理性」に肉薄する。実際の人間の生活は上から計画運営したり、将棋の駒を動かすように差配したりできない。その意味で、選挙というのは「政治家に地域を這いずりまわらせる工夫」であり、「社会の中に入れ、人々の声を聞け」という憲法の要請なのである。

小選挙区の闘い方

現在の日本の選挙制度のなかで、定数一の衆議院小選挙区は最も過酷な制度といえる。

小選挙区というが、選挙区の国際比較のなかでは決して「小さく」はない。約四〇万人の有権者を相手にする選挙区であり、その一人ひとりと直接会うことはほぼ不可能である。二八九の小選挙区は、そのそれぞれが規模においては中規模都市の市長選挙に相当する。

ちなみに、六五〇人すべての下院議員を小選挙区で選び出すイギリスでは、一つの小選挙区の有権者数は約一〇万人、当選者のおおよその得票は二万〜四万票という、本当の意味で小さなものだ。たとえば、スナク首相が選出されているリッチモンド選挙区の有権者は二〇一九年の時点で八万三二一九万人、スナク首相の得票数はたった三万六六九三票である。日本では小選挙区の当選におよそ一〇万票が求められるのと大きな違いである。

定数が五や六の大選挙区であれば、特定の地域や団体の票を固めれば当選圏に滑り込める。しかし、定数一の小選挙区や首長選挙では有権者の過半数を取らねばならず、可能な限り一人でも多くの人にリーチするインセンティブが働く。

たとえば高校時代のクラスを考えてみてほしい。入学してしばらくすると、クラスのなかで気のあう者同士がグループを作るものである。野球部の男子が集まるグループ、勉強好きの生徒のグループ、仲良し女の子たちのグループ、やんちゃな不良グループなど。それらが自然に形成されて、お昼ご飯や修学旅行の班分けなどはそれらのまとまりで行動する。

定数六の選挙では、それらの仲良しグループのうち、自分のグループだけを固めれば当選できる。しかし定数一の選挙では、立候補者は、自分のグループをまとめるのは当然のこと、普段あまり交わらない他のグループにも好き嫌いせず積極的に声をかけ、一緒にお弁当を食べて遊ばねばならない。優等生が不良グループに挨拶して揉まれなければならないし、ヤンキーも学級委員のグループに頭を下げにこなければならない。肌あいの違うグループに努めて飛び込んでいくわけだから、気苦労もするしストレスもたまる。

小選挙区の候補者にもこれが求められる。当選のためには、好き嫌いなしに様々な団体やグループに飛び込み、そのなかで自分も変わっていかなければならないのである。

現在、衆議院議員はその時間の多くを国会活動よりも地元活動に費やしている。政治学者の中琪《しんき》榮《よん》によれば、熱心に活動する衆議院議員の場合、地元と永田町との滞在時間の比率は九対一で地元だという。そのため、政策について勉強する時間もなく、人口減少や少子高齢化といった中長期的な課題に取り組むことも難しい。

その反面、小選挙区を勝ち抜いた国会議員にはその地域の実情や課題にまつわる知が集中的に蓄積されることになる。選挙区の平均的な常識を肉感し、それを体現することになる。

しばし、国会での序列として小選挙区当選者が金バッジ、比例単独が銀バッジ、比例復活当選者が銅バッジなどといわれるが、その苛酷さを踏まえれば、小選挙区当選者がそのような自負を抱くのも無理からぬことであろう。

「一人一票」がもたらすもの

選挙はまた、「一人一票」の平等性によって現実の差異を捨象する擬制《ぎせい》でもある。実際の社会には、収入、容姿、家庭環境、肩書などで様々な違いがある。しかし、選挙ではそれら一切に関わらず「一人一票」であり、政治家はこの単純な原則に縛られる。どのような身なりだろうと、年齢だろうと、性別だろうと「一人一票」であり、相手がへそを曲げたら自分に入れてくれない。束ではなく一人ひとりに丁寧に接して、心を込めて頭を下げる必要がある。

世間のイメージでは政治家は「偉そう」と思われるかもしれないが、その実、政治家は「お願いをする生き物」である。

広島の政治家の先輩、佐藤公治さんから、「いいか、政治家の仕事とは人様に迷惑をかけることだぞ」といわれたことがある。実に、政治家は多くの人に世話になる。車を出してくれ、寄付してくれ、ポスターを貼ってくれ、電話かけしてくれと、多くの人の善意に依存する。その意味で、人に迷惑をかけることを気にしていては政治家はできない。

しかし、公職選挙法によって報酬の支払いは厳しく制限されているため、文字通り、感謝することでしか報えない。頭を深々と下げて、腰をしっかり曲げて、頭のてっぺんを相手に見せて、「ありがとうございました」と心を込めていうしかないのである。

その意味で選挙は、政治エリートに頭を下げさせる儀式でもある。有権者が「一票」という力を用いて、数年に一回、定期的に政治エリートに地域を這いずりまわらせ、放っておけば長くなりがちな鼻をへし折り、高くなりがちな頭を下げさせる儀式なのである。

私の場合、新人候補ではあったが、研究者出身であったため、選挙はいわば「学術に対する反発」の場となることがあった。すなわち、私のことをまったく知らない人から、開口一番「勉強ばかりして世間知らず！」、「大学がすべてと思うなよ！」といわれたりする。自分のなかで「頭でっかちの受験秀才」というイメージを作りあげ、それで私を決めつけて非難するのだから困ったものである。

また、政治学者として学術書を出版していることは、選挙には何も役に立たないどころか、むしろ不利であったといってよい。そういったものが目に留まると、「こいつは空理空論ばかりだな」、「現実を教えてやる」といわんばかりの人も出てくるのである。げに、選挙とは「学術」に対する反撃と発散の場でもあったのである。

候補者に寄せられる声

政治家にとって、政治を「生業《なりわい》」としないよう志や理想を把持《はじ》するのと同時に、極端な意見に引きずられないことも大事になってくる。同じような意見の人たちとばかり付きあっていると、やがて意見が純化されてどうしても急進化しがちだ。どぶ板の活動が大事なのは、無差別の、それゆえ平均の常識に常に触れるからだろう。それが極端な意見へ引きずられる磁場を何かしら矯正する。理想と常識のバランスをもたらすことになる。

活動をしていれば、街の人から様々なお声がけをいただくこともある。いくつか印象深いものを紹介しよう。

駅立ちをしていると、理不尽なことも多い。たとえば、駅頭で演説をしていると中年男性が近寄ってきて、「政策は何がしたいの？　一言《ひとこと》でいって！」と。一言でいえというので、「コロナ対策」と一言いうと、返ってきた言葉は「それだけ？」（いや一言でいえといったじゃない！）。

いわゆる「票ハラスメント」のような言葉も少なくない。私の場合、独身であることから、結婚に関するデリカシーのない発言をしばしば受けることはあった。いわく、「あなたも結婚しなきゃだめよ」、「独身？　だめじゃないか。それじゃあ半人前だぞ」など。基本的に余計なお世話ではあるのだが、私はこういうハラスメント発言にも意外と耐性が強く、大概のことは許容してしまい、はぁまぁと聞き流すことの方が多かった。しかし、女性候補者はもっと大変だろうとは容易に察しがついた。

商店街の店主さんなどでそれなりに人間関係ができてくると、「君は人物としては良いんだけどねぇ、何で野党なの？」、「自民党から出てればよかったんだけどねぇ。もったいないねぇ」といわれたことがしばしばあった。これらはいずれも、私の「人物」については認めてもらった上での言葉なので、「そういわずにお願いしますよ～」と苦笑するしかない。

当然ながら、町内会の会長や商店街の顔役など、いわゆる地域の名士の方々にとっては、とにかく保守系の方が推しやすいのである。そんな事情を百も承知の上で、しかし、最後は「政治は人」。私としては、そのような保守地盤の人たちにも「あいつは話せるやつだ」と認めてもらうべく努力するしかなく、またそのような関係性の構築にこそ政治の醍醐味がある。

しかし、これと似て非なる言葉に、「君、本当は自民党から出たかったんだろう？」、「自民党から出られなかったから野党なんだろ？」という問いかけがある。そう聞かれた時は、私は言葉を尽くして返答した。私の信条を甘く見られたと感じたからである。

私が選挙に出たのは、自民党に対抗するもう一つの選択肢がこの国にはどうしても必要だという信念から。その覚悟で飛び込んだわけであり、その志を曖昧にしてはすべての実践が有名無実の灰に帰する。その思いで、少々気まずくなろうが私の考えを明確に伝えた。

それはまた、「自民党から出られなかったから民主党から出た政治家」が、これまでたしかに少なからず存在してきたことへの憤りからでもあった。バッジ願望に取り憑《つ》かれながら、二世でも官僚でもないために自民党から出られず、民主党を政界入りの足掛かりに使ってきた、そういう政治家こそが健全で逞《たくま》しい野党の育成を妨げてきたと思ってきたからである。

2 広島の政治情勢

民主党系ブロックの内実

民主党系政党の総支部長（次期衆議院選挙の候補予定者）とは、基本的に、「支店長」というより、民主党の看板だけをもらって自身の選挙区で一人で孤軍奮闘する「のれん分け」といえる。党から月額五〇万円の活動費が支給されるが、事務所の家賃やパンフレットなどの印刷代など出費も多く、後は自分で支援者作りに専念し、選挙に勝ち残ったものだけが生き残るという「放任教育」である。多くの場合、選挙区の自治体議員は自民党に比べて圧倒的に少なく、総支部長が独自に後援会を組織しなくてはならない。

二〇二一年衆院選では、広島県の七つの小選挙区のうち、野党が勝ったのは三原市や尾道市からなる広島六区の佐藤公治さんしかいない。

小選挙区を勝ち抜いた政治家だけあり、佐藤公治さんは独特のオーラを放っている。会議の際は必ずテーブルを一周して参加者の肩を叩き、背中をさすっては「〇〇先生、元気?」「お、〇〇ちゃん、いつも迷惑かけるね」などと短く声をかけて歩く。私のような新人候補者にも必ず声をかけ、「大井ちゃん、また意見聞かせてよ」などと労をねぎらうのである。

かつて桂太郎がニコニコ笑いながら相手の肩をポンと叩いて人心掌握したことから「ニコポン宰相」と呼ばれたが、佐藤さんにもそのような政治家の風格がある。

連合とのおつきあい

民主党系政党の政治家にとって、連合とのおつきあいは時に気を使うものでもある。連合とは一九八九年に結成された労働組合のナショナル・センターであり、七〇〇万人の組合員を擁して大きな影響力を持つ。立憲民主党や国民民主党と提携しつつ、様々な要求を実現させて、働く人たちの環境や給料を改善する組織である。

とはいえ、連合の内実はよく知られていない。市民派やリベラル派はとかく連合を「御用組合」として論難しがちな反面、民主党内でも保守系議員はそもそも労働組合とそりが悪かった。

まず認識されなければならないのは、連合とは多数の組織を束ねる傘のような概念であり、その内実は多様な産別（産業別労働組合）で構成されているということである。

五五年体制の時代には、労働組合は公務員の労働組合（総評）と民間企業の労働組合（同盟）とに分かれており、政党支持もそれぞれ社会党と民社党とに割れていた。一九八九年に総評と同盟が一体となり、現在の連合が結成される。

しかし、かつての旧総評、旧同盟の血液型の違いは、現在も越えがたい壁として残っている。公共セクターと大企業労組では、同じ「労働者」といってもその実入りの構造は大きく異なり、政治的要求も異なりがちである。平和や憲法問題に熱心に取り組む旧官公労と、要求実現のためには自民党にも接近する民間産別では、やはり肌合いが違うのである。双方の違いをサラダのドレッシングに喩《たと》える人もいる。すなわち、振れば混ざるが、放置すればすぐに分離すると。

とはいえ、七〇〇万の組合員という「数」が連合の影響力の源でもあり、どの産別もそのまとまりを壊さないよう、それぞれが互いを尊重して気を使っている側面も窺える。

立憲や国民の候補者にとって、選挙の際、連合の支援は重要になる。連合推薦が得られれば、選挙戦の前後を含めて三週間にわたり、連合傘下の各産別から一〇人程度のスタッフが事務所に常駐して選挙戦を支えてくれる。いわば、大企業の仕事ができる男性正社員が集結し、選挙事務所の運営、公選ハガキのとりまとめ、役所官庁まわりの対応、街宣日程のロジ、公示日の公営ポスター貼りだしなどを引き受けてくれるのである。

実際、二〇二一年衆院選の際、選挙の一週間前から連合の組合員の方々が私の事務所に入ってくれた。事務所には即座に机と椅子、様々な電子機器がオフィスのように配置され、即座に「選挙事務所」へとその相貌を様変わりさせたのを覚えている。

国政選挙では、公営掲示板へのポスター貼りをとって見ても、組織的支援がなければ困難である。衆院選で広島二区に設置される公営掲示板は一〇八二箇所、参院選になれば広島県全域が選挙区となり公営掲示板は八一〇九箇所に上る。これを自分やボランティアだけで貼ることはとてもできない。一人で貼って回ったら一日三〇枚が限界であり、投票日までに公営掲示板に自分のポスターを貼ることさえ完遂できないのである。

しかし、連合推薦を受けるためには、日常的に各産別の事務所に挨拶に行き、接触を絶やさぬようにしなければならない。挨拶といっても、事務所を訪れ、お茶を飲みながらあれこれ世間話をして二〇分くらいでおいとまするというものである。私自身はこの「他愛もない世間話」というのが苦手で苦労した。

また、こうした日々の接触を通じて、政治家の活動の様子は労働組合にしっかり評価され、値踏みされるといってもよい。「水はすなわち舟を載せ、水はすなわち舟を覆す」(『貞観政要』)。政治家はその後援会や支援組織という大波の上に浮かぶ小舟にすぎないのである。

「保守王国」としての広島

広島は「保守王国」と呼ばれ、とりわけ自民党宏池会の地盤が苔のように薄く広がっている。

第二次大戦後、広島県が輩出した総理大臣は池田勇人（在任一九六〇～一九六四年）、宮澤喜一（在任一九九一～一九九三年）、そして岸田文雄（在任二〇二一年～）の三人で、いずれも宏池会である。お隣の山口県輩出の総理大臣には武断主義的な政治家が多いのに対し、広島は穏健保守の政治風土といえる。

自民党の強さは、第一に、その支援団体の厚みに現れている。立憲が連合、公明党が創価学会といった単一の支持基盤しか持たないのに対し、自民党は医師会から建設業界、遺族会や日本会議まで多様な中間団体に網をかけ、唯一の包括政党となっている。

第二に、県議会や市議会における自治体議員の多さであり、自治体議員が国政選挙の際は自民党候補を支える足腰となる。二〇二二年現在、都道府県議会議員の総数は二五七〇人であり、そのうち自民党所属は一二六一人。これに、自民党籍を持ちながらも保守系無所属で活動している議員を加えれば、過半数は優に超えるであろう。この力関係が国政選挙ではそのまま自民党と野党の候補者の組織力や活動量に跳ね返ってくる。

第三に、自民党議員の個人後援会を中心とする地域への浸透度である。町内会や消防団、社会福祉協議会などはいわば「半官半民」の組織といえるが、基本的に地域の世話役や名士を兼ねており、ゴミ出しや祭りの運営といった活動を通じて自民党の現職政治家とのつながりが深い。

その結果、自民党議員には地域の情報が集積され、議員もラジオ体操やゲートボール、お祭りなどに可能な限り顔を出す。一緒に一五分のラジオ体操をするだけでも愛着は生じるし、娘のピアノ発表会に来てくれれば親しみも湧く。祭りで鉄板を囲んで焼きそばを焼けば自然に仲間意識も深まるというように、長い時間をかけて人間関係を作るのである。

平口洋氏について

広島二区では現職の平口洋衆議院議員が深く地域に浸透していた。

平口氏本人とは朝の駅立ちでバッティングした際に挨拶した。その際、平口氏の名刺入れのカード入れのところに爪楊枝が裸のまま三本くらい刺さっていたのが印象的だった。

パフォーマンスとは無縁の地味な政治家であり、自民党ながら平和問題にも関心が深く、被爆建物でありながら解体の危機に直面した旧陸軍被服支廠の保存問題では新左翼系の平和集会にも参加してきた。また、被爆後に黒い雨を浴びたものの被爆者と認められなかった住民が起こした「黒い雨訴訟」では原告の主張に加勢し、被爆者認定と医療支援の拡充を唱えるなど、これらの点で私との違いはそれほど大きくなかった。

私の候補者としての弱点は、車の免許がない、食べるのが遅いなど多々あったが、最大の弱点は対立候補を心の底からは憎めなかったことかもしれない。

しかし、平口氏はむしろご夫人の活動量が伝説的であった。公民館の行事をすべて把握しては参加し、福祉作業所に行ってはクッキーを買いまくり、お祭りでも集会でも平身低頭、頭を深々と下げてまわる徹底ぶりであった。げに、「どぶ板選挙」とは、言うは易し、行うは難し、続けるは

灘尾弘吉の揮毫「清交」とともに

もっと難しなのである。

とはいえ、自民党に対峙する健全な政治的選択肢の拮抗は、この国の民主政治のために必要不可欠。「平口が憎いにあらず、この国を憂う心深い故なり」という覚悟で、平口支持層のなかにも切り込んでいった。

共産党と市民連合

共産党についても述べておこう。共産党は定食のわさびのように日本政治をピリッとさせる存在であり、小選挙区では一万から二万票の力を持っている点からも、私自身、小選挙区での野党共闘は重要だと考えてきた。

二〇二〇年六月、共産党は次期衆院選に広島二区に候補者を擁立すると発表した。したがって、広島二区には自民党現職、立憲民主党の私、そして共産党の藤本聡志さんという三人の候補者が並び立つことになった。

労働運動の現場では長らく大企業の労働組合と共産党は激しい敵対関係にあった。広島では原水禁運動でのソ連の核実験をめぐる社会党と共産党の対立の歴史もあり、共産党を含めた野党一本化には多くの複雑なハードルがあったのも事実だ。

野党が二人の候補者に分裂する中、候補者の一本化を求める「市民連合」が野党間の協議を促す役割を担うことになり、討論会や勉強会を開いては野党が相互にコミュニケーションをとる機会を作ってくれた。
野党候補の一本化、すなわち野党共闘は私も長らく訴えてきたものだった。しかし、自分が候補者となった以上、私自身が「一本化」を訴えるとそれはすなわち「私に一本化せよ」という意味になってしまう。それは傲慢だし相手方にも失礼だろう。とはいえ、「安倍一強」に不満を持つ有権者の総意を踏まえれば、野党の一本化は必要不可欠であり、私にとって頭を悩ませる懸案となり続けた。

3　二〇二一年参議院再選挙

河井夫妻による大規模買収事件

政治実践の多くは on the job training であり、経験を通してしか学べないものが多い。その意味で、二〇二一年七月に広島県で行われた参議院再選挙は、私にとって衆院選の予行演習になった。河井案里参議院議員が夫の克行衆議院議員と起こした大規模買収事件によって失職、その欠員を埋める参議院の再選挙が行われたのである。

そもそも、再選挙の発端は二〇一九年参院選に遡る。参院選挙は広島県全体が選挙区となり定数は二で、自民党と民主党が一議席ずつ分けあう「指定席」となってきた。しかし、二〇一九年参院選では、二階俊博幹事長が自民党広島県連に二議席独占するよう指示。二議席をめぐり自民党現職の溝手顕正、自民党新人の河井案里、そして野党系無所属の森本真治が競う三つ巴《みつどもえ》の構図となった。広島県選挙区に二人の自民党候補者を立てさせようとした二階幹事長の判断は合理的で、自民党同士の候補者で競わせて組織の拡大を図ろうとしたのである。

さらに加えて、自民現職の溝手顕正は安倍首相に対して批判的発言を繰り返していた。自民党執行部としても、仮に二議席独占すれば自民党の議席増でよし、河井案里と野党候補の当選なら党運営がやりやすくなってよし、溝手顕正と野党候補なら現状と変わらずで、どう転んでもマイナスのない判断であった。

しかし、かつての中選挙区時代と同様、一つの選挙区から複数の自民党候補が出ると自民内部での同士討ちとなり、広島選挙区でも溝手陣営と河井陣営の内ゲバとなった。自民党広島県連や広島市長、広島県知事などはこぞって溝手陣営に加勢する反面、安倍総裁が牛耳《ぎゅうじ》る自民党執行部は河井陣営に一億二〇〇〇万円の選挙資金を融通し、これは溝手陣営の一〇倍に上る額であった。

この資金を河井克行が広島県下の市議や県議、町長や市長にばらまき、大規模な買収事件に発展したのである。もとより、餅代・氷代と呼ばれる金銭授受は、自民党内部では慣例として長らく行われてきており、河井克行自身にどこまで罪の意識があったか分からない。受け取った側にも、無理矢理上着のポケットに札束を突っ込まれたなど、少なからず同情に値するケースもないわけではない。しかし、河井克行のパワハラ体質や河井案里の県議会での異常な質問の様子などは広島ではよく知られており、遅かれ早かれ起こるべくして起こった事件といえる。

この大規模買収事件に対し、広島の地元紙「中国新聞」は丹念にそれを追及した。世論も厳しいまなざしを向け、「河井夫妻は広島の恥」というような雰囲気が醸成された。

とはいえ、それがそのまま再選挙で野党の追い風になるかといえばそんなに単純ではない。何より、広島県における自公と野党との基礎票の差は圧倒的であった。二〇一九年参院選を見れば、野党系無所属の森本真治が三三万票なのに対し、自民党は河井案里が三〇万、溝手顕正が二七万であわせて五七万票。すなわち、自民党と野党とはほぼダブルスコアの力関係なのである。

再選挙にあたって、野党側も候補者擁立に難航。弁護士の郷原信郎の説得に時間を浪費し、結局、元アナウンサーの宮口治子に決まったのは告示三週間前であった。

その間の私自身の率直な内面を吐露すれば、河井夫妻を「広島の恥」と切り捨てるにも一抹の躊躇があった。夫妻を国会に送り出したのはわれわれ広島県民であり、有権者にもまた、買収事件を生み出した「製造者責任」が問われるはずであろう。今一度、政治家を吟味し、その内実を見抜く有権者の責務が迫られる選挙でもあった。

「横一線」の選挙戦

参院選は県全体が選挙区となるため、舞台が広い。私は、宮口候補が県西部、広島市や廿日市市などに入る時に一緒に街頭演説に奔走した。

選挙戦序盤、宮口さんは「政治とカネ」のみならず、「変える勇気、その先へ」というスローガ

宮口治子参議員議員とともに

ンに示されるように、コロナや少子化、政治における多様性といった課題に焦点をあてた。

とりわけ、政治の場における女性の不在は深刻な課題といえる。男女の格差を示す「ジェンダー・ギャップ指数」によれば、二〇二三年時点で日本は一四六か国のうち一二五位。順位低迷の主要因はとりわけ政治の場における男女格差であり、衆議院議員に占める女性の割合は一〇%、女性の大臣が少なく、女性の総理大臣も誕生したことがない。その意味では「女性のいない民主主義」といえる。

もっと女性が、そしてもっと様々な課題の当事者が、国会の厚い壁を破って政治参入を果たす必要があり、その道筋をつけるための選挙でもあった。

補欠選挙はその選挙区に人員やリソースを集中できるため、参院再選挙でも数多くの大物議員が広島に応援に入った。野党は枝野幸男、蓮舫、岡田克也、辻元清美など有力政治家の広島訪問があいつぎ、自民党は外務大臣の任にあった岸田文雄が地元で負けられじと同党の西田英範候補につきっきりであった。

しかし、基礎票における圧倒的な不利を埋めたのは、何より市民一人ひとりが野党に加勢したからであろう。広島市で街頭演説をする度、宮口陣営には年齢も男女比も多彩な聴衆が集まった。無党派層が野党の背中を押す形でその勢いが形成されたといえよう。

選挙戦の最中、「中国新聞」の情勢調査は「横一線」から「宮口やや優勢」へ、そして再び「横一線」となって投票日を迎えた。果たして、参議院広島再選挙は、当初の下馬評を覆《くつがえ》し、野党系の宮口治子候補が三七万票、自民党の西田英範候補が三四万票で、宮口候補の勝利に終わった。私自身、宮口さんの事務所で開票速報を見守り、高揚感に包まれながら当選を見届けることになった。

第8章　衆議院選挙を迎え撃つ
──「安倍一強」をめぐる政治対決の総決算

1　変化する政局

菅総理辞任から岸田総理誕生へ

二〇二一年夏を過ぎると、政局の焦点は衆議院解散のタイミングに移った。衆議院の任期満了が同年一〇月。そこまでには必ず総選挙が行われる。要はどの首相の下で、どのような争点で──。

そんななか、九月三日、お昼のテレビで菅首相退陣のニュースが流れた。自民党内の政局が大きく動き、私自身もいささかの覚悟と高揚感を抱いた。

選挙が近づいてくると、支援者の方々が続々と「ケーキ断ち」、「チョコレート断ち」などを表明して覚悟を共有してくれた。それならばと、私も五月から「酒断ち」をすることになった。かねて私を知る人なら、これがどれだけ大決断だったたか、理解できるだろう。

菅首相の辞任表明後、岸田文雄、河野太郎、高市早苗、野田聖子の四人が後継として手を挙げ、自民党は三週間にわたる総裁選に入った。細野豪志がツイッター（現X）で「総裁選候補四人の顔ぶれと政策を見ると、国民の世論の八割は自民党の中に含まれているのではないか」と述べていたが、事実、女性二人を含めた候補者の露出は自民党の活力を示したであろう。

口惜しいかな、総裁選のあいだ、メディアは自民党にジャックされ、これは衆院選を前にした最大の宣伝効果をもたらした。

日々変化する政局の現状を前に、これほど万事塞翁《さいおう》が馬の業界はないと実感する。光のなかに闇あり、闇のなかに光あり。この期間に野党にできることは限られているが、政局において受動的ではだめだと言い聞かせ、むしろ自分が「五人目の総裁選候補者」のつもりで駅頭や住宅街での街宣に力を入れた。

二〇二一年九月二九日、自民党総裁選の決戦投票が行われ、岸田二五七票、河野一七〇票。ここに岸田新総理が誕生した。覚悟していたことであったが広島一区からの総理輩出となり、地元はそこはかとないお祝いムードに包まれた。

安倍政権と比べれば、久方ぶりの「聞く耳」を持つ自民党への回帰かと好意的に受けとめる声もあがった。立憲民主党は枝野代表が「われわれこそ宏池会の流れを汲む保守本流」といっていたこともあり、いざ自民党が宏池会宰相を戴くことになると、対立軸を示しにくくなったのも事実だった。これまで、「安倍政治」への対抗軸によって野党共闘という布陣を形成してきた野党にとっては、難しい局面が広がっていった。

コロナ禍の政治争点

選挙戦を前に、商店街や駅頭での対話で、「野党は批判ばかり」というお叱りも大変多かった。「菅さんのコロナ対応を評価するわけではないが、しかし君、野党もどうにかならんかね」と。

こういったお叱りには、対応がとても難しい。政権のコロナ対策は必ずしもベストではなく、説明責任も果たしていない。政権批判は野党の任務でもあり、どうかご理解を賜るしかない。

しかし、だからといって、有権者は何でもかんでも批判する野党を求めているわけではない。「それみたことか」と失態をなじる政権批判も求めていない。有権者は、与野党が足の引っ張りあいをせず、一致団結してコロナ禍を乗り越える姿勢を政治に求めているのである。

それゆえ、私が訴えたのは政権批判と政権協力のメリハリであった。すなわち、コロナ禍からの出口戦略、とりわけワクチンの早期普及では政権に協力を惜しまず、その背中を全面的に押すアプローチである。政治が一致団結して危機を乗り切る姿勢が必要であった。

他方、長期政権の驕《おご》りたかぶりは徹底的に追及されなければならない。広島でいえば、大規模買収事件に示される金権腐敗にはこれを全面的に糺《ただ》す姿勢が必要だ。

コロナ対策では政権に全面協力、「政治とカネ」では政権を全面追及。この全面協力と全面批判のメリハリは、選挙戦本番を通じても私の中心的な主張となった。

2　選挙に向けた準備

選挙ポスターの作成

二〇二一年八月、自治体議員、連合、後援会の三者が集まり、広島二区の選対会議が行われ、総務、広報、会計などの役割分担を決めた。いわゆる選対が立ち上がったのである。

選挙事務所はこれまで政治活動用に使ってきた広島市西区の事務所をそのまま転用。広さは十分であり、奥を連合のスタッフを中心とした事務スペース、手前を市民やボランティアの人たちが使える作業スペースとして区切った。

選挙に向けた制作物は多々ある。ポスター一つとっても、写真、シンボルカラー、名前表記の仕方など、知恵を絞ればいくらでも工夫が出てくる。

政治は五感を総動員する営みである以上、そこにルッキズム（外見や容姿に基づく影響の違い）はもちろんある。インテリが熟慮に熟慮を重ねて投じた一票も、投票所でポスターを見て「この人イケメン」と思って入れた一票も同じ一票。それほど「見た目」は重要になる。

選挙ポスターには、親父からもらった濃紺の背広に赤いネクタイ、キリっとあごを引いた顔つきの写真を使用したのだが、今思えば気張り過ぎてよくなかったように思う。私の場合、ただでさえ経歴などが邪魔をして「庶民と隔絶したエリート」のように誤解されるので、もっとラフな格好で少し間の抜けたくらいの、いつもの自分の顔の方がよかったのではと思う。

名前が「大井赤亥」なのでシンボルカラーの「赤」は妥当としても、ポスターに載せる名前の表記は「大井赤亥」ではなく「大井あかい」とすべきだった。「おおいあかい」でもいいくらいだ。「赤亥」なんて初めは誰も読めないだろう。

二〇代、三〇代の候補者であれば年齢を書いて「若さ！」をアピールするのも常道だ。私自身、選挙時にはちょうど四〇歳であり、相手候補が七二歳だったので、若さをアピールすることは戦略上ありえた。ただ私自身としては、自分もいずれ年をとるのだから……と、若さの強調にそれほど乗り気ではなかったが、総じてそれほど本質的な問題とも思わず、訴え方は陣営の皆さんに委ねた。

公営掲示板のポスター

　選挙ポスターに写った自分の顔を見ると、「まだまだ未熟だな、幼いな」と思う反面、それなりにいい大人だな、と思うことも。いずれにせよ、「四〇過ぎれば（親からもらった顔ではなく）自分の顔」というように、顔にも責任を持たねばなるまい。

連合との政策協定

選挙を迎えるためには、もう一つ、乗り越えなければならない壁があった。

自動車や鉄鋼など連合内の製造業の労働組合との政策協定である。ある産別との政策協定には「安全が確認された原子力発電所の再稼働を、国の責任のもとで着実に実行するよう求めます」という文言があり、それと立憲民主党の政策、ひいては私自身の政治信条との整合性が問われたのである。

立憲民主党は、その基本政策で「原子力に依存しない社会の実現」を掲げている。二〇一一年三月の東日本大震災と原発事故は、原発をめぐる安全神話を崩壊させ、多くの人々に反省を強いてきた。私もその一人であり、その後、東京での脱原発デモに参加してきた。

しかし、連合の民間産別のなかには、原発事業を推進してきた電力総連があり、原発は基幹産業の位置づけになってきた。電力を大量に使う自動車や鉄鋼などの製造業にとっても、廉価で安定的な電力供給は産業の存続にとって死活的であり、短期的には原発の再稼働を求めている。

立憲民主党の候補予定者になって以来、電力会社の労働組合とも意見交換する機会を持った。そのなかで、島根原発に現在二〇〇〇人の労働者がおり、地域の宿泊や飲食業など関連産業を含めると四〇〇〇人近い雇用が生まれていること、労働組合としてはそれらの雇用の維持を要求せざるをえないことを明確に伝えられた。自分たちの組合員の仕事をなくしたり、生活水準を下げるような政策を掲げる政治家を、組合として応援できないのは当然のことだろう。

「本人」と書かれたタスキをかけての街頭演説

選挙公示を前にした記者会見

選挙が近づくと、立憲民主党の候補予定者と製造業の労働組合とのあいだで政策協定について協議する場が設けられた。民間労組の側からは、廉価な電力の安定供給の必要性、自然エネルギーの見通し、原発再稼働については地元の同意を大事にすることなどの説明があった。そして、「これは民間産別が立憲を支持できるようになるための一つのステップと受けとめてほしい」との説明であった。

私はこの席で、大変に悩んだ。

何よりも頭に浮かんだのは、自分を支えてくれる支援者の方々の顔だ。私は、その場での調印は見送ることにして、支援者の方々と話しあう時間をいただきたいと申し出た。先方の労働組合の幹部の方々もこちらの気持ちを理解してくれ、事情を尊重してくれた。

支援者との話しあい

さて、問題は、私の事務所で開かれた話しあいである。一五人くらいの支援者の方々にお集まりいただき、私の方から経緯を説明して、どう対応すべきかの相談をした。

支援者の方々からは多様な意見が出たが、いずれも、やはり政治に携わる以上、このような理想と現実との葛藤がいずれ生じる、とりわけ野党第一党の立憲民主党であればなおさらそうだという意識はおしなべて共有されており、重苦しいながらも活発な議論があったと記憶する。私自身も、したたかに、そして正直にこの件を進めたいと伝えた。

その場で、原発再稼働については三つの条件、すなわち（1）電力の喫緊の逼迫《ひっぱく》、（2）地元自治体の合意、（3）避難経路の策定が揃わない限りは反対という方針を確認した。換言すれば、その三つが確保されれば、先方にとっては、短期的な再稼働については許容される解釈が生じる。そのような条件を確認することで、最終的に政策協定に調印するということになった。

この議論のなかで、環境問題に関心が深く、それまでれいわ新選組と私との双方を支援してくれていたTさんは、原発再稼働を認めるなら大井さんはもう応援できないと明確に発言された。

それはそれで辛い経験ではあったが、私としては、それは仕方ないことだと覚悟していた。Tさんとは原発汚染水の問題でも意見の違いがあったし、自分がそれらの課題で急進的な方向に引きずられすぎてもいけない。しかし、Tさんに含むところは何一つなく、むしろTさんらしいと感じ、見上げた思いだった。

他の支援者の方はおおむね、結局、清濁《せいだく》あわせ呑む判断に同意してくれた。政治とは、理想を掲げるあまり現状批判に居直ってもいけないし、妥協を重ねるあまり現状維持に堕《だ》してもいけない。その両方の中間の、本当に狭いカミソリの刃の上を慎重に、したたかに、そして誠実に歩かなければならない。その重要さを感じさせる経験だった。

野党候補の一本化

選挙直前には、もう一つ思いもしない出来事があった。

広島二区における野党候補の一本化、いわゆる野党共闘は、衆院選が近づいても調整がついていなかった。立憲の私と共産党の候補予定者が両方並び立っていたのである。

ただ、私自身が「候補者一本化」を口にすると、それはすなわち「私に一本化せよ」ということになり、むしろ余計なハレーションを生むだけと思い、身動きもとれずにいた。

選挙も目前に迫った一〇月初旬、いつものように街宣車で地域を走りまわり、夕暮れ、ちょうどコンビニの駐車場で休憩していると、私の携帯電話に見知らぬ番号から着信があった。共産党の広島県委員会からであり、「来たる衆院選において広島二区では大井さんに候補者を一本化し、共産党も応援に回ります。どうぞ頑張ってください」とのことだった。

選挙の一週間前、共産党本部の主導で、二八九の小選挙区のうち広島二区を含む二一三の選挙区で土壇場での候補者一本化が成しとげられたのであった。これによって広島二区では、自民現職の平口氏に対して、野党統一候補の私が一騎打ちで相まみえる構図となった。

3　選挙戦を駆け抜ける

出陣演説と「本人」タスキ

一〇月一九日、第四九回衆議院選挙が公示された。朝八時から公営掲示板のポスターの番号の抽選があり、大井陣営は「2」。それが決まると選挙区全域の公営掲示板に支援部隊の方たちの手でいっせいにポスターが貼りだされ、私はＪＲ横川駅で第一声をあげた。いよいよ、一二日間にわたる選挙戦が始まった。

出陣式にあたって、私は一つ、民主政治に対する自分自身の信念を示すためのパフォーマンスを用意していた。

公職選挙法は日常の「政治活動」と選挙公示後の「選挙活動」を明確に区別しており、「政治活動」において名前の連呼や表示は禁止されている。それゆえ候補予定者は、選挙が公示されるまで自分の名前の書かれたタスキをかけることはできず、苦肉の策で「本人」と書かれたタスキをかけるのである。

その決まりにそって、私も一年以上にわたって「本人」タスキを巻いて活動してきた。しかし、ふと思ったものである。民主主義の「本人」とは、候補者ではなく主権者一人ひとりだと。代議制民主主義のもとで、政治家は主権者の「代理人」にすぎない。したがって、選挙が公示され、「大井赤亥」のタスキをかける時、それまで使ってきた「本人」のタスキを、聴衆に、すなわち主権者に譲り渡そうと考えたのである。

そのような思いで、私は出陣式のマイクを握った。

今日、衆議院選挙が公示されました。

われわれの社会が抱える多くの課題を、政治を使って一つでも解決していくための、絶好の

機会です。

皆様と私とは、この国の政治が抱える様々な困難と、それを一つずつ克服していく達成とを共有しています。

この広島二区は、私を野党統一候補として、今の政治に対する怒りや憤りのすべてを私が引き受けることになりました。

一強政治からの方向転換を求めるすべての有権者の声、政治とカネからの決別を求めるすべての市民の声、そして、小さくとも確実な変化を求めるすべての人々の声を、どうか私、大井赤亥に託してください。その声を、わたくしが一身に引き受けて参ります。

私はこれまで、法律の定めにしたがって、この、「本人」と書かれたタスキをかけて活動してきました。しかし、この国の政治の「本人」は、政治家ではありません。今日ここにお集まりの皆さま一人ひとり、この選挙に関わる有権者のお一人お一人が、この国の政治の「本人」であり、主権者です。

今日、これまで背負ってきた「本人」タスキを皆さまにお渡しし、これから「大井赤亥」として、この選挙戦を闘い抜きます。今日ここにお集まりの皆さま、この演説をご覧の皆さま、民主政治の「本人」として、このタスキを受け取っていただき、最後の最後までともに駆け抜けていただきますよう、心からお願い申し上げます。

一二日間、どうぞよろしくお願いします！

何より大事な「目的の共有」

選挙事務所では、連合からのスタッフと市民やボランティアの方々とが車の両輪として膨大な実務をまわしてくれた。

往々にして、労働組合と市民派とは作業のやり方が異なるところもあり、調整が課題となることも少なくない。だからこそ、何より私自身が、衝突や困難を乗り越えてまで押しあげようと思わせるような候補者であらねばならない。選挙実務をめぐって些細な行き違いがあっても、「この候補者のためなら頑張ろう」と誰からも思われなければ、多様な出自の方々がまとまってこの選挙を闘えないと考えたのである。

大井　赤亥氏（立民・新）
コロナ禍 事業者支援
有権者に誠実に向き合わない、耳の痛い話に説明をしない安倍、菅政権の政治の継承か、刷新か。それが問われる選挙だ。公約や政策に安倍氏の影がまとわり付いている岸田首相に方向転換はできない。野党が強くなる以外に道はない。
新型コロナで打撃を受けた事業者の支援を続ける。3回目のワクチン接種も必要ならスピードアップする。暮らしの再生へ消費税は5%にする。金融所得課税で財源を確保したい。政権を託してもらえるよう全力を尽くす。（広島市西区のJR横川駅前で）

公示後の第一声
（「中国新聞」2021年10月20日）

そんな思いから、選挙戦の最中、毎晩のミーティングの際は、広島県議の瀧本実事務局長から「候補者は先に帰って寝ろ」といわれながらも、スタッフと時間を共有したいとの思いから参加させてもらった。そして、諸々の報告や相談の前に、私から短く一言だけ話をさせてもらい、候補者として、この選挙の「目的」を確認する作業を心がけた。

すなわち、われわれの陣営は、お金のためでも名誉のためでもなく、政治の選択肢の健全な拮抗を取り戻し、持続可能な日本のヴィジョンを示して実現していくこと、その目的のためにわれわれがここに結集していること……。

建前かもしれないが、「目的」を共有することこそ、多様な人たちが一つのチームとして選挙の意義を感じ、力を発揮するために必要不可欠だと感じたのだ。

選挙事務所の「ホモソ問題」

選挙とは、これまで知らない人同士がアドホックに選対を立ち上げ、協力して面倒なことを行うのだから、都度都度、相談や調整が必要になる。

たとえば、選挙になると事務所を取り仕切るのがどうしても男性中心となりがちである。男性ばかりの企業社会、あるいは高校の体育会系の部室のような、いわゆる「ホモソーシャル」な雰囲気が醸成されると、組織に属さない若者や女性が事務所に近寄りづらくなりがちである。

これは難しい問題だったが、みんなで相談して、小さなことから価値観の転換を図った。たとえば、これまでの選挙用語では街宣車の女性弁士を「ウグイス」、男性弁士を「カラス」と呼ぶ慣わしがあったが、われわれの陣営では男女問わず「マイクパフォーマー」と呼ぶことにして、ジェンダーフリーな呼び名とした。

遊説と野党の「メリハリ」

選挙戦が始まると、街宣係が決めたロジに乗っかって候補者は各地で遊説をこなして回るという日程となり、一人であれこれやっていた政治活動の日々よりはむしろ楽なことも多い。候補者は街宣車に乗って、選挙区の先々での遊説に集中することができた。

駅頭での朝挨拶、大竹市のスーパー「ゆめタウン」での演説、車を降りてダッシュで親子連れに駆け寄った公園、コンビニの駐車場でのつかの間の休憩、応援弁士たちの力のこもった演説、赤いジャンパーを着たスタッフやマイクパフォーマーの激、そして夕暮れ、その日の最後の演説場所でライトに照らされた向こうに浮かび上がる聴衆の顔、顔、顔……。

演説で私が訴えたのは、政権批判と政権協力のメリハリであった。

今ほど、野党にメリハリが求められている時はない。一強政治の驕りや大規模買収事件といった長期政権の弊害は徹底追及。同時に、コロナ出口戦略にあたっては与党も野党もない。ワクチンの早期普及や経済再生では行政に全面協力を惜しまない。このあたりまえのメリハリをもって、安心して政権を託せる野党第一党の選択肢を示していくと。

もちろん、野党なのだからもっと政権批判を前面に出すべきという声もあったし、何が正解かは今もってわからない。しかし、そのようなメリハリこそ有権者が野党に求めているものだというのが、自分なりのどぶ板の活動を通じて感じた、私なりの確信だったのだ。

山のような質問状

選挙が近づくと、候補者のもとには山のような「質問状」や「調査票」がやってくる。

共同通信、読売や朝日といった主要紙はもとより、テレビの主要局、人権団体から宗教団体まで、候補者の政策や価値観、人となりについて尋ねるアンケートが送られてくるのだ。政治学者の私としては、世論調査として有名な「朝日・東大谷口研究室」からの調査票が来た時は、自分がアンケートを受ける側なんだなぁと感慨深いものがあった。

なかには、「これこれの問題についてどう思うか、A4・四枚でお答えください」など、選挙直近でてんやわんやの時期に大学のレポートのような回答を書かせる団体もある。シングル・イシューの運動団体からは、質問がとても専門的すぎて自分の手持ちの知識では答えられない内容のものもある。

しかし、無回答のまま放置すればその団体のホームページや会報誌などで「大井候補は無回答・連絡なし」などと書かれて、冷たい候補者のように記されるので、答えないわけにはいかない。朝の駅立ちから終日街宣を終えて帰宅し、くたくたの体でこれらの質問状に応えるデスクワークに取り組む、そんな日々を送った。

候補者の「一人の時間」

選挙戦が始まると、候補者の求心力は一気に高まる。やはり候補者は代えのきかない役割であり、その候補者を元気づけようと多くの人々が事務所を訪れてくる。

候補者は熱心な支援者に助けられるわけだが、しかし、候補者も体力と時間には限界がある。人前にいれば愛想よく元気でいなければならないので、いかに一人の時間を確保するかも重要になる。

JR 横川駅前広場での市民集会

選挙戦の最中に事務所でひとやすみ

たとえば、遊説からトイレ休憩のために事務所に帰ってくれば、玄関を入った途端に支援者からの物量攻めにあったりもする。

「お疲れ様。お茶飲んで」、「喉は大丈夫？　はい、のど飴」、「おせんべいあるよ」、「饅頭食べて」、「ガリガリ君いらない？」、「リンゴ切ったよ」、「このケーキぜひ！」といった具合だ。事務所の奥のトイレにたどり着くまでに上着もズボンもポケットが飴や豆菓子などでいっぱいになるのである。誤解のないようにいっておくが、今もってこういう支援には心から感謝している。

そんななか、やはり政治家としての先達、広島市議会議員の馬庭恭子さんには終始助けられた。馬庭さんは無所属市民派ながら、私の母親の看取りをしていただいたご縁で選挙を支えてくださり、一緒に活動するなかで私も政治家の立ち居振る舞いのイロハを学んだ。

その馬庭さんが選挙事務所にパーテーションを用意してくれて、候補者が一人になれる場所を用意してくれたのである。そして、午前中の街宣を終えて事務所に戻ってくると、さながらマスコミに追いかけられる芸能人の誘導スタッフのごとく、「大井君、こっち！」と、私をそのパーテーションのなかに囲い込み、ササっとお弁当を放り投げてくれた。

そのおかげで私は、昼食休憩中は人目を気にせずお弁当を一心不乱にかき込むことができたのである。今もって、「パーテーション」なるものの重要性を身をもって理解したのは、この時をおいて他にない。

気になる情勢調査

選挙戦の最中、新聞各紙が出す「情勢調査」が、気にならないといえば嘘になる。各選挙区の序盤から中盤にかけての情勢が、短い文章で報道される記事である。新聞の政治報道に慣れていれば、見出しのつけ方、言葉の使い方、「横一線」でも挙名の順番などで様々に情勢調査の「行間」を読めるのである。

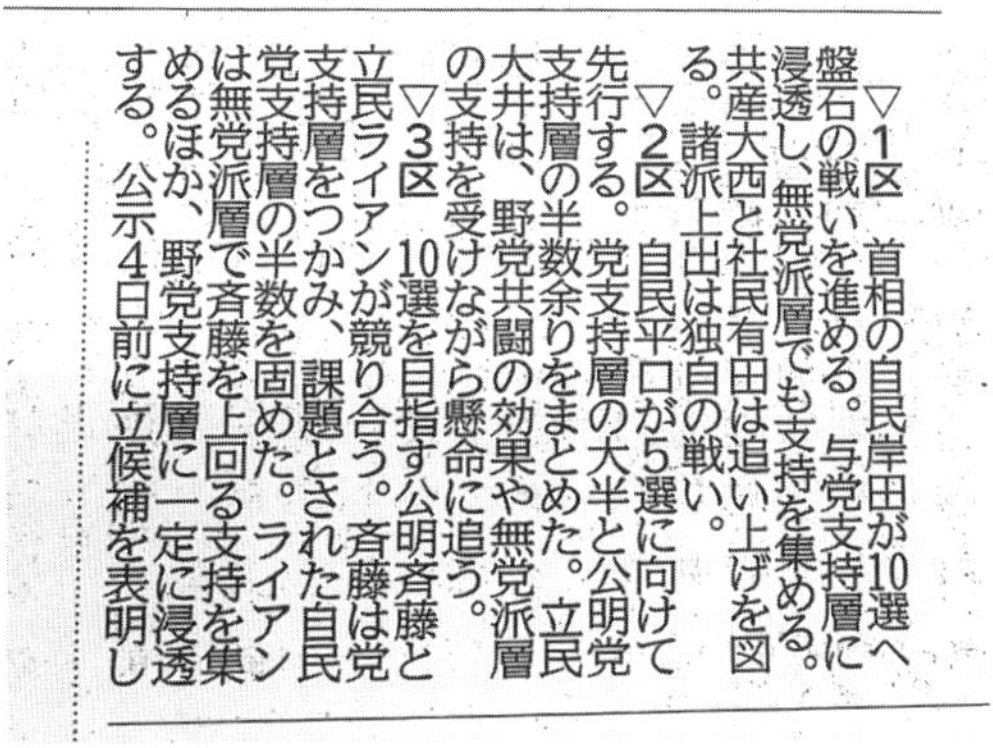
▽1区　首相の自民岸田が10選へ盤石の戦いを進める。与党支持層に浸透し、無党派層でも支持を集める。共産大西と社民有田は追い上げを図る。諸派上出は独自の戦い。
▽2区　自民平口が5選に向け先行する。党支持層の大半と公明党支持層の半数余りをまとめた。立民大井は、野党共闘の効果や無党派層の支持を受けながら懸命に追う。
▽3区　10選を目指す公明斉藤と立民ライアンが競り合う。斉藤は党支持層をつかみ、課題とされた自民党支持層の半数を固めた。ライアンは無党派層で斉藤を上回る支持を集めるほか、野党支持層に一定に浸透する。公示4日前に立候補を表明し

選挙戦序盤の情勢調査
（「中国新聞」2021年10月22日）

二〇二一年衆院選では、中国地方全体で野党にとっては厳しい情勢ではあったが、当初、広島二区は「平口先行、大井追う」だったのが、途中から私の名前がなくなり「平口が支持の上積み目指す」となった。記者の焦点が、平口氏の「勝ち方」に、すなわち僅差なのか引き離してなのかに移ったことを窺わせた。

しかし、私は厳しい情勢のなかに最大限のプラス要素を見出す天才であり、「大井が懸命に追い上げる」という一行のなかに選挙戦の帰趨《きすう》を決める希望を読み込み、より一層の力を込めて有権者に訴えた。

思わぬ友人や知人との邂逅

選挙戦も中盤になると、福山哲郎幹事長をはじめ、有田芳生さん、塩村文夏さん、杉尾秀哉さん、宮口治子さんといった参議院議員が応援に入ってくれた。また、法政大学の山口二郎先生や慶應義塾大学の金子勝先生も駆けつけてくれて街頭演説を盛り上げてくれた。金子先生のアジ演説は激しく、通行する子どもたちが怖がっていたのが気にはなったが……。

選挙戦は思わぬ邂逅《かいこう》に恵まれた時間でもあった。中学校の時の家庭科のM先生がJR横川駅での演説に来てくれてびっくりした。「大井君はおとなしい生徒だったのにねぇ。選挙に出るなんて、わからんねぇ」と目を細められていた。

JR西広島駅での街頭演説の際、聴衆のなかに高校の時の体育のH先生が立っておられるのが見えて、演説後に急いで駆け寄ると、「おう大井、応援しとる。頑張れよ」と。いずれも青春時代の私をかわいがってくれた先生方で、心から感謝した。

予備校時代から親友で今は弁護士となったOさんや、法政大学で教えていた時のゼミ生のU君もわざわざ東京から広島まで来てくれた。U君には街頭演説での応援弁士までしてもらい、それが選対スタッフにも大変好評だった。

誰もが政治に小さな変化を望んでおり、候補者が裸になって舞台の上で闘えば、それを意気に感じて、志をともにする人が集まってくれる。そんな人々にあらためて感謝を伝えたい。

街宣車から人の海へ

選挙戦の中盤から、街宣車での活動に加えて、公園や駅の人だかりに突撃して対話したり、私を先頭に五人くらいの隊列で幟《のぼり》や拡声器を持ちながら練り歩く「桃太郎」を試みたりした。とにかく目立つためなら何でも取り入れた。

選挙の必勝法として、「選挙違反については買収以外はあまり気にしない方がよい」といわれるが、私も同感だ。法律違反を気にするあまり、それがやるべきことをやらない言い訳になってはいけない。選対筆頭幹事のYさんが「やりすぎはあっても、やらなさすぎはないようにしよう」と呼び掛けていたが、これも同感である。

問題があれば選挙管理委員会や警察から警告があるので、その時に改めればいい。選挙活動は何より積極性が求められる。初めから委縮して活動を小さくしてはいけない。「お前うるさい！」と怒られるくらいでちょうどよい。候補者が前に前に、人の海のなかに飛び込んでいく必死の姿を見せなければ、陣営のスタッフがついてこないのは当然であろう。

やじろべえのような候補者

選挙戦の直前に共産党が候補者をおろしたため、私が事実上の野党統一候補となった。その結果、共産党は独自に駅頭街宣などを行い、私を支援してくれた。

選挙中盤、地元紙に「広島二区は直前に共産党がおろして一本化した選挙区で、候補者は連合と共産党の間でやじろべえのように揺れながら細心の注意を払っている」という趣旨の記事を書かれた。それを書いた記者に、「あなたよくわかったねぇ！」と声をかけてあげたくなったものだ。

候補者一本化のために尽力してくれた市民連合主催の街頭演説で、共産党の候補予定者だった藤本聡志さんとも一緒になる機会があった。国政選挙への出馬歴は私より多く、まじめな方で、私としては頭を下げてお礼を述べたい気持ちがあったが、選対の内部では複雑な感情の方もいると思い、逡巡《しゅんじゅん》していた。

そこにあって、連合の某産別の方から、「藤本さんにはしっかり頭を下げたほうがいいよ」との助言をもらい、私も楽になった。街頭演説の終わりしな、藤本さんにも感謝を述べて健闘を誓った。

最後は自分との闘い

一二日間の選挙戦も終わりに近づいた。

最後の四日間は声が枯れてしまい、もどかしい思いだった。

初めて選挙を闘ってわかったことがある。選挙とは、最後は自分との闘いだと。

自分は何のために政治の世界に飛び込んだのか。その志とは何だったのか。志を忘れ、自分の心が折れてしまえば、そこですべては終わり。しょせん、その程度の志だったということ。逆にいえば、志が燃えて、自分の心がなお熱く燃えていれば、いかに身体に限界に来ようが最後まで走り続けることができる。

選挙戦最終日、今再び、自分が一体何のためにこの道を選んだのか、その初発の志をまっすぐに見つめ返した。

最終日の夜、マイクは八時までしか使えない。マイク納めの演説をJR横川駅で行った後も、これまで支えてくれた支援者の方々と、たしか夜一一時ごろまで、マイクなしで横川駅の駅頭に立ち続けたと思う。最終日の夜は、やり切ったという不思議な安堵感があり、静かな時間が流れていた。

開票結果の夜

投票日は、さすがに疲労を感じた。自身の投票を済ませると、夕方、自宅で結果を待った。

夜八時、テレビの選挙特番が始まると、現実は容赦なく残酷であった。広島県の結果が立て続けに明らかになり、広島二区も自民現職の当確が早々と出ることになった。

結果が出ると、車で事務所に向かった。事務所裏手の駐車場に車を停めると、選対事務局長の瀧本県議が、まるで熱を出して学校を休んだ子どもにすりおろしリンゴを食べさせてやるような声で、「大丈夫？　わしも経験あるけぇ。準備できた？」と一言。腹を決めて事務所に入り、支援者の前に立った。

落選した候補の選挙事務所ほど沈痛なものはなく、文字通りお通夜のようで、あれは二度と味わいたくない。みんな腫れ物に触るような気持ちで私を見ているような気がしてしようがなかった。

事務所に駆けつけた支援者や連合の皆さんが黙ってテレビを見つめるなか、テレビは選挙区情報を流し続ける。全国的にも野党の議員や候補者の落選が続き、厳しい状況であった。

事務所の奥の物置スペースで、今後の対応をひそひそ相談した。敗北演説の内容、支援者や支援団体への感謝、次の選挙に出るか出ないかは明言しないこと、など。夜一〇時を過ぎると中国地方の比例議席も大まかな状況が分かってきて、比例復活の可能性も厳しくなってきた。選対筆頭幹事のYさんがタイミングを見計らい、私の敗北演説の機会を作ってくれた。

これは辛いことではあったが、避けて通れないことでもあった。事務所に集まった支援者の方々を前に、私は檀上に立ち、マイクを持って、厳しい選挙結果をわびた。落選した時の候補者は、結局、「自分の不徳のいたすところ」というしかない。ただただ、皆さんに深々と頭を下げた。

第四九回衆議院選挙　広島県第二区　選挙結果
平口洋：一三万三一二六票
大井赤亥：七万九三九票

4　残された課題

「9・6・3の法則」

選挙結果は厳しいもので、ダブルスコアに近い票差になった。立憲民主党も全体として一〇九議席から九六議席へと後退した。

野党が小選挙区で勝つ条件として、「9・6・3の法則」がいわれる。すなわち、野党支持層の九割、無党派層の六割、そして自民党支持層の三割を獲得しなければならないというのである。

これに照らせば、私は無党派層や保守層への食い込みがまだまだ足りなかった。地元紙の後日調査によれば、私は立憲支持層はまとめたが、無党派層を平口氏と五分で分けあい、自民党支持層は九割が平口氏に投票している。これはひとえに私自身の力不足である。

選挙戦を通じて見えた大きな課題もある。たとえば、自治体議員における自民党と民主党系政党との圧倒的な差である。広島二区には広島市、廿日市市、大竹市という三つの自治体が含まれるが、二〇二一年衆院選当時、それぞれの市議会議員を与野党に分けると自公系四四人に対して民主系一三人、県議会議員は自公系八人に対して民主系二人であった。

この力関係が国政選挙ではそのまま自民党と民主党系政党の候補者の組織力に跳ね返ってくる。政治的選択肢の健全な拮抗のためには、自治体議員の選挙から地道に闘い、議席を増やしていく道筋が必要になる。

また、民主党系政党は国政では自民党と闘うが、首長選挙では与野党相乗りで「オール与党化」しがちである。しかし、国政の与野党が「オール与党」となって地方の首長を担《かつ》いでも、その首長は国政選挙の際は自民党候補を応援することが多い。これでは野党が強くなるはずはない。自治体での「オール与党」という慣例を脱して、野党も積極的に首長選挙に候補者を立てて闘わなければならないであろう。

次の一歩を踏み出すために

選挙に向かう二年間は極めて濃密で、確実に私を変えた。負けたとはいえ、「安倍一強」をめぐる総決算としての衆院選に自分も当事者の一人として馳せ参じたことに誇りを感じる。この機会を逸すれば、自分が裸になって舞台の上で闘う姿を示すことなく、焦げついた政治不満を燻《くすぶ》らせていただけだろう。

しかし二〇二一年衆院選は、広い文脈で見れば、二〇一五年の安保法制反対運動から始まる野党共闘にとっての、一つの終着点であった。五年間にわたる野党結集を求めるプロジェクトに関わりながら、候補者として迎えたその政治決戦で結果を出せず、私自身、しばしのアイデンティティ・クライシスに陥ることになった。立憲民主党はじめ野党のあり方は今しばし模索の時期に回帰せざるをえず、その重い任務を引き受ける以外に道はないであろう。

もとより感傷や内省に浸っている暇はなく、人口減少や少子高齢化、戦争や気候変動などわれわれが対応を迫られている課題は山積している。日本の政治対立の新しい形は、与野党がそれらの本質的課題に向きあうなかで自ずと浮かびあがってくるであろう。

そして、これらの課題に取り組む政治の軌跡もまた、一直線にはいかないだろう。オバマ元大統領が述べるように、民主主義は常にジグザグの道を歩む。一歩前進したかと思えば二歩後退を繰り返す。なぜなら、民主主義はそうある「べき」なのだから。

だからこそ、後退したと思える時も冷笑屋になってはいけない。散らばった勇気をもう一度かき集め、どのような立場であれ、筋書きのない未来に向けて一歩踏み出していく営みに、自分の役割を見つけていきたいと考えている。

第Ⅲ部　未知の時代に踏み出す日本政治

第9章 「悪さ加減の選択」再考
――「自分事」の判断基準

はじめに

政治に関する判断を論じる際に、それを「悪さ加減の選択」と言い慣わす一連の議論がある。往々にしてこの言葉は、いくつもの解釈を生みだし、政治をめぐる多様な思索を誘ってきた。この言葉はもともと、明治の議会政治を論じるにあたって福澤諭吉が使った言葉を、第二次大戦後、政治学者の丸山眞男が引用して知られるようになったものである。

「悪さ加減の選択」という言葉の意味は、極めてシンプルである。すなわち、政治においてはすべての選択肢が悪であること、そしてその悪には加減、すなわち程度があること、これである。

しかし、眼前の政治の閉塞感を踏まえると、このシンプルな言葉は額面以上に深淵な教訓を放ち続けている。本章では、「悪さ加減の選択」という言葉をあらためて熟読玩味《がんみ》、咀嚼反芻《はんすう》し、そこから最大限の意味と教訓を絞り出してみたい。

1　政党政治と有権者の不全感――福澤諭吉と丸山眞男の文脈

福澤が「悪さ加減」という言葉を使ったのは、一八九三（明治二六）年九月二〇日の「時事新報」社説であった。その原文を見てみよう。

　是に於てか本来政府の性は善ならずして、注意す可きは只その悪さ加減の如何に在るの事実を、始めて發明することならん。即ち従来は政府は砂糖の如く甘きものと心得たることなれども、次第に其味を味へば只辛きのみにして、今度の政府は前の政府に比すれば云々なり、此次の政府は云々ならんとて、其悪さ加減を測量する其趣きは、唐辛子は生姜より辛けれども、辛の辛さは格別にして、山椒は又自から別種の辛味ありなど、其辛さ加減を味ふに至りてこそ、始めて立憲政治の下に生々する立憲人民たるに適するの嗜好を備ふることなり[1]。

すなわち福澤は、政府の良しあしは「悪さ加減の測量」であるとして、その評価を定める際には、いわば、砂糖の「甘さ」を論じあうのではなく、唐辛子や生姜、山椒の「渋味」や「辛味」を論じあうことこそ、立憲民主政治を運営する有権者のたしなみだと述べている。

福澤がこれを書いた一八九三年は、一八八九年に大日本帝国憲法が公布され、それに基づき議会が開設されて四年後であった。ようやく議会政治が本格化し始めたものの、議会では藩閥政府と民党との権力争いが止まず、黒田清隆、山縣有朋、松方正義と短命内閣が続いた時期であった。

それから六〇年以上の時をへて、福澤によるこの言葉を丸山眞男は、一九五八年の講演「政治的判断」において引用している。

丸山いわく、「政治的な選択というものは必ずしもいちばんよいもの、いわゆるベストの選択ではありません。それはせいぜいベターなものの選択であり、あるいは福澤諭吉のいっている言葉ですが、『悪さ加減の選択』なのです(2)」。

丸山がこの講演を行った一九五八年は、第二次大戦が終わってから一三年後、また自民党と社会党との二大勢力が誕生した五五年体制の成立から三年後であった。新憲法の下で日本の議会政治が復活しつつも、岸信介内閣の下で警職法など「逆コース」が進みながら、社会党など革新勢力もまた硬直化したイデオロギーを脱しえずに伸び悩んでいた時期であった。

福澤、丸山ともに、よちよち歩きの日本の政党政治を見つめながら、それに対する有権者の不満や不全感を感じさせる時代状況においての発言であったといえよう。

2　陸奥宗光における「権力の限界の認識」

丸山は「悪さ加減の選択」という言葉を有権者が備えるべき政治的能力として触れているのだが、それは元来、卓越した政治家や権力者に備わっていた能力であった。したがってまず、丸山の「政治的判断」という講演に即して、その「政治家論」を見ておきたい。

丸山は必ずしも政治家のあるべき姿をめぐる精神訓を得意とした論者ではない。しかし、古今東西の類《たぐい》まれな政治家の残した古典を通じて、一旦、相手の立場にぎりぎりまで肉薄する思考実験を行うことによって、それら権力者の発想方法に一定の型があることを見出している。すなわち、「政治的な場で行動することを常とする人間、つまり職業的政治家にとっては必須の（それなしには政治家の資格のないところの）一つの思考法」を抽出しているのである。

政治家はもちろん、自らの権力の最大化を追求する。権力は政治家にとって必須の商売道具であり、それを追求しない政治家はむしろ職務怠慢であろう。政治家に権力欲が強すぎると批判することは、学者に知識欲が強すぎると批判するのと同じようなものであろう。

しかし同時に、権力者の政治的判断には自らの「権力行使の限界」を認識するリアリズムが必ず備えられており、丸山は陸奥宗光の『蹇蹇録』（一八九五年）をとりあげ、その実像を追体験している。いわく、日清戦争に勝利した直後、日本の国民世論は清国への過大な領土割譲と賠償金を要求し、国内でそれを自制しようとする「深謀遠慮の人」がかえって「卑怯未練、毫も愛国心なき徒」と目されて蟄居《ちっきょ》を強いられた。そこにあって陸奥は、勝利に酔った国民の過大な要求を「驕慢の気風」として戒めながら、当時の日本の国力の限界を冷静に捉えている。丸山はここに、「政治的リアリズムに基づいて権力発動の限界を意識する姿勢」を指摘している(3)。

倫理や道徳における正義を掲げた「聖戦」であれば、その権力行使にはいささかの抑制もない、というか、あってはならない。したがって、それは相手の存在を認めず、その抹殺を義務とする「容赦なき戦争」にならざるをえない。しかし、政治の領域において戦争とは国家同士の利害対立であり、そこには当然、権力行使の「限界」が自覚化され、したがって当事国同士の「調整」がどこかで必要になる。そこにあっては、自分の立場をだけ貫徹することにはならないと、他ならぬ自分自身が自覚しながら、その上で自国の国家利害の拡大を目指して交渉に挑むことになろう。

3　マキャベリと「小悪を善とする賢明」

権力行使の限界を認識するこのようなリアリズムは、必ずしも自分の意見を一〇〇％貫徹できない条件のなかで、「ヨリ少ない悪を善として把握する賢明」につながる。

すなわち、マキャベリは次のように述べている。「人々は一つの禍害からまぬがれようと思えば、必ずそれと別のある禍害に陥るものだというのは事実の秩序である。しかるに賢明さとは、禍害の質をひきくらべ、ヨリ少ない悪を善であるとして把握する点に存する」。そして、丸山によれば、このような賢明さこそ「あらゆる政治的指導者の基底徳」なのであった。

政治家の判断、すなわち政治的判断には、今ここの文脈で「できること」、「できないこと」、「どうしても拒否したいこと」などを明確に識別する力、そしてその複雑で一回限りの方程式のなかで悪さの最も少ない選択肢を「善」として選び取る責任が求められる。

なぜ政治家にはこのような政治的判断が必要になるのか？　それはすなわち、政治が徹頭徹尾、結果責任で評価されるからである。個人の美的判断ではあくなき美を、哲学的判断では心ゆくまで真理を追求すればよい。しかし、「行動の意図・動機にかかわらず、その結果に対して責任を負わなければならないというのが政治行動の特色」であり、「多くの人間の物理的生命をも左右する力をもつ、ということにおいて、政治的な責任というものは徹頭徹尾結果責任[4]」だといえる。

これを裏返せば、政治につき物のやっかいな話も明らかになる。すなわち、現実のリアルな認識を捨象して「望んでいるが（今は）できないこと」だけを追求すると、「望んでいてかつできること」さえ獲得することができず、むしろ「望んでいないこと」や「どうしても拒否したいこと」を結果として招きよせることがある。

政治家の行為を結果責任で評価する思考法が定着しなければ、政治的責任というものが成長しない。「逆にいえば、どんなに個人的に徳の高い人でも、もしこういう思考法が欠けている、つまり政治的に未成熟であるという場合には、政治的な場ではなはだしい無責任に陥る」。したがって、政治的判断は、「政治的な場で行動することを常とする人間、つまり職業的政治家にとっては必須の（それなしには政治家の資格のないところの）一つの思考法になるわけであります[5]」。

しかし、丸山によれば、民主化の進んだ現代においては、これらの政治的判断は政治家だけが備えるべき能力ではなく、民衆一人ひとりにも必要とされる能力となっているという。なぜかといえば、「デモクラチックでない社会、非民主的な社会よりも、民主的な社会の方がそういう思考法

〔政治的思考法〕が必要になってくる。……つまり政治的な選択と判断を要する人の層がふえ、同時にそのチャンスがふえるからです[6]」。

民主主義を民衆が円滑に運営していくためには、民衆が権力者のリアリズムに一旦肉薄しつつ、それを目的とは切り離して「技術的に中性化」し、自らのものとして会得《えとく》していく必要がある。「政治とは学ぶ競争なのですよ。敵が巧妙になったら、自分たちはもっと巧妙にならなければということです[7]」。ここから、「悪さ加減の選択」は民主主義を支える有権者一人ひとりに求められる資質へと拡大されるのである。

4　政治をベストの選択として捉えたら？

「悪さ加減の選択」とは、いわれてみればそれだけのこと。しかし、この言葉から味わいを引き出すためには、むしろ、政治を「悪さ加減の選択」として捉えなかったらどうなるかについて考えてみる必要があろう。

第一に、仮に政治を「ベストの選択」と捉えたらどうなるだろうか。

ベストな答えを政治に求めれば、それは政治に対する過度の期待となり、問答無用にそれを実現してくれる（と思われる）権威主義や強いリーダーシップへの期待に陥りやすいであろう。

また、ベストの選択を求める有権者の圧力は、ベストな万能薬を提示する政治家、すなわちポピュリズムを生み出すことにもなる。政治を取り巻く未知や不確実性に耐えられない人々が、一刀両断に物事を解決する（と称する）救世主を要求し、ポピュリストを招来するのである。

しかし、多様な利害の角逐《かくちく》する政治の領域において、自分の希望がそのまま実現することはありえない。政治の合意形成においては、否応なく調整や妥協が必須となる。

そこにあって、「ベストの選択」は常に叶えられないので、有権者は永遠的な欲求不満になる。福澤の言葉を借りれば、政治に「辛さ」ではなく「甘さ」を求めると、その期待が満たされることはなく、結果として、政治への期待は一転して幻滅や失望に転化する。政治に対する過大な期待と過剰な絶望とは、常に裏腹の形で同居しているといわれる所以である。

5　政治の「悪さ」を一律に批判したら？

では次に、政治の悪さをその「程度」に関わらず一律に批判したらどうなるだろうか。

政治的解決は、万人を満足させることはできないという意味で「悪さ加減の選択」である。どこまでいっても誰かに不満や欠点が残る。それゆえ、政治における選択肢はすべてアプリオリに「悪い」ということになる。

したがって、政治に携わる以上、すべての政治家が「悪人」であるといえる。ヒトラーやスターリンが「悪人」であるのと同様、ガンジーもキング牧師も、マンデラも金大中も、良いか悪いかといえばすべて「悪人」なのである。ただ、後者は前者に比べて悪の度合いが桁《けた》違いに小さいというだけにすぎない。

「悪さ加減の選択」という考えにしたがえば、政治の選択肢は本質的にすべて悪いということであり、それゆえ、政治批判は常に必然的に正しい。政治が「悪」である以上、政治批判はいつも正しいのである。したがって、「あの政治家にも悪いところがある」ということは、「犯罪者にも悪いところがある」というようなもので、その言明は完全に正しい。完全に正しいということは、誰からも批判されないということでもある。

批判だけを習い癖にしている人が「最強」な理由は、ここにある。なぜなら、本質的に悪であるものを「悪い」と言っているのだから。トートロジー（同義反復）を繰り返している人間は、決して間違えない。

しかし同時に「悪さ加減の選択」である以上、そこには「程度」がある。すなわち、政治の選択には小悪、中悪、大悪、最悪というように程度がある。にもかかわらず、すべてを一律に「悪」として批判するとどうなるか。

同じ悪だからといって大悪と小悪を一律に批判すれば、それは本来、小悪に比べてより苛烈に批判されなければならない大悪を相対的により緩く批判することになり、また、大悪に比べてより緩く批判されなければならない小悪をより過剰に批判することになる。

窃盗と殺人はいずれも悪（犯罪）であり、ともに罰せられるべきであろう。しかし、窃盗も殺人を悪だからといって一律に罰するならば、それは窃盗を過度に罰し、殺人を相対的に緩く罰することになる。

窃盗と殺人を一律に罰する裁判官は、いかなる悪をも許さない潔癖さを示しているようでありながら、その実、殺人を相対的に免罪することになろう。また、それによって犯罪者の側でも、殺人を犯しても窃盗と同罰ならば、どうせなら窃盗殺人してしまおうという動機を誘うことになるであろう。小悪と大悪とを区別せず一律に批判する厳格主義は、断固として悪を許さぬ態度のようでいて、その実、最悪のさらなる跋扈を促すのではないだろうか。

政治の「悪さ」を一律に論難する態度はまた、早晩、「最悪のインフレ状態」を生み出すだろう。それは、小悪と最悪とを同一視することによって、本当の「最悪」のみに固有の「最悪性」を見えにくくしてしまう。本当の「最悪」をこそ捕まえて名指すための「最悪」という言葉の価値が下がり、その威力が疲弊摩耗《まもう》してしまうのである。

「悪の度合いを無視した一律批判」と似たようなものとして、「中立性」や「不偏不党」を唱えるあまり、「どの党派にもまんべんなくケチをつける」という新聞やメディアの問題もある。

このような態度もまた、ジャーナリズムの批判精神と似て非なるものであろう。「何があっても批判する」という固定的な政治報道は、むしろ読者や有権者のあいだの政治不信を深めるだけに帰結するのではなかろうか。政治についてはとにかくケチをつける、ダメ出しをするというのが政治を語る「フォーマット」となり、それがメディアのお墨付きをともなって市民や有権者レベルにも流通するであろう。とにかく批判しておくのが正しい政治とのつきあい方だという思考停止が、「健全な政治批判」と勘違いされたまま蔓延することになりはしないだろうか。

6 「悪さ加減の選択」と比例

「悪さ加減の選択」を支えるものは、つまるところ、比例的な判断というものであろう。アリストテレスは「正義」とは何かと聞かれて「比例」と答えている。政治の選択はすべて悪だと自覚しながら、その対象を悪の大小に応じて認識し、比例的に評価を定めるということに尽きる。

窃盗と殺人はいずれも悪であるが、だからといって双方を一律に罰してはならず、悪の程度に応じて比例的に、すなわち、窃盗犯を緩く、殺人犯を厳しく罰する必要がある。政治もまた同様であり、それぞれの選択肢の悪の程度に応じて比例的に認識し、その時点で最も悪の度合いの少ないものを選択しなければならない。

ありうべき誤解に返答しておけば、窃盗犯を「緩く罰する」ということは、窃盗を容認しているわけではないし、それを推奨しているわけでもない。殺人との比較において窃盗を位置づけ、それに相応しい罰を選んでいるだけである。

政治も同様であり、悪の度合いの少ない選択肢を選んだからといって、必ずしもそれを是認しているわけでも、それに惚《ほ》れ込んでいるわけでもない。政治全体の配線構造のなかで、複数の選択肢の比較考量のなかで悪さの少ないものを選んでいるのである。

政治が「悪さ加減の選択」であるとすれば、選挙はしょせん、「悪人を選ぶ儀式」である。そのくらいに思ったほうがいい。

大学生と対話していると、「自分のように政治に知識や関心のない人間が選挙に行ってもいいのでしょうか?」と申し訳なさそうに聞く若者に出会うことが少なくない。選挙を何か荘厳な儀式と捉えて、自分がそれに参加する資格があるのかと躊躇しているのである。

それゆえ、私は学生に次のように語ってみることもある。すなわち、選挙になると街のいたるところに公営掲示板が設置され、何十人もの候補者のポスターが貼りだされるが、あれはすべて悪人である。窃盗犯と詐欺犯と放火犯と殺人犯とがずらりと並んでいる。そして有権者は居並ぶ悪人のなかから、誰か一人を選ばなければならない。どうせ選ぶのならなるべく悪の程度の少ない人を選ぼう。窃盗、詐欺、放火、殺人なら断固として窃盗犯に一票を投じよう、と。選挙とは、ある意味でそういうものでもあるだろう。

7 政治と病気

政治は、人間の逃れられない宿命という点で、病気に似ている。人間が「社会的動物(zoon politikon)」として必ず他者を必要とする以上、われわれは政治から離れることはできない。病気もまた、人間がその身体において有限である以上、われわれはそれから無縁ではいられない。政治も病気も、どちらも人間の避けることのできない条件である。

そして、病気治療も政治判断も「悪さ加減の選択」、すなわち悪さの比較考量となる局面が少なくない。たとえば、がん治療においては、いかなる判断も悪を選ばなければならない。外科手術をすればQOL(生活の質)の低下の可能性があるし、抗がん剤治療をすれば脱毛などの副作用の恐れがある。放射線治療をすれば被ばくに伴う副作用が想定されるし、何もしなければ癌細胞は拡大するであろう。がんの当事者にとってはいかなる判断も、健康の時に比べれば悪である。しかし、判断しないことはありえない。時間は無慈悲なまでに進むからである。

病気を抱えながら、「悪さ加減の選択」をしなければどうなるだろうか。たとえば、病気から無縁のベストの健康体を求めたらどうなるか。なるほど祈祷や自然療法によって一発逆転の完治を狙うという人もいるかもしれない。しかし、病気の現実はそれにお構いなしに進行する。

あるいは、病気の悪も治療に伴う副作用の悪も、すべての悪を一律に批判したらどうなるか。その場合、患者は、最も早く、最も苦しい方法で死ぬだろう。

健康な人は、このような例え話に対して、ややもすればこういう。「まともな人間なら、がんで死ぬのも抗がん剤で死ぬのも、両方とも嫌に決まってるだろう!」。

しかし、それは違う。まともな人間なら、その人が病を得た時、がんで死ぬのと抗がん剤の治療の果てに死ぬのと、どちらが良いかを真剣に考える。どちらがより長く生きられるか、どちらがより健康寿命を保てるか、どちらがより苦痛が少ないか、どちらがよりお金がかからないか、どちらがより……といった幾重もの方程式を、日々刻々と変化する体調のなかで、否応なく解くことになる。その判断の良さも悪さも、すべて自分の体が引き受けるわけであり、本人はその事柄の「最大の主権者」だからだ。

では、病を得た人間は、どちらに転んでも不都合の生じる選択肢を、好んで選び取っているのだろうか？　仮にあるがん患者が抗がん剤治療を選んだとして、「あなたは抗がん剤が好きなのですね」といわれれば、それは違うと答えるだろう。抗がん剤治療のリスクを自覚の上で、さらなる病状悪化を回避するための手段としてそれを選んでいるのだから。

またこのことは、がんと治療の副作用との二者択一に代わる、新しい治療法の探求を否定するものでもない。ただ、余命六カ月と宣告された病人に対して、一〇年後の新薬開発が見込まれるというニュースがどれほど意味を持つだろうか。「今・ここ」の条件こそが個人にとっては実存的現実なのであり、その現実から出発して考える他にあるまい。

病気も政治も、状況が日々変化する。したがって、病気も政治も、アプリオリに適切な判断はない。また、今日に下した判断が適切でも、それが明日も適切とは限らない。

がんに対して適切な判断を下そうと思えば、すなわち「悪さ加減」の最も少ない判断をしようとすれば、癌の大きさ、浸潤具合、ステージ、自分の体力などを把握し、それらの情報を常にアップデートしながら判断し直していかなければならない。変化する課題（癌）に、それに応じた対策

（治療法）をあてはめるわけなので、組みあわせは幾重にも拡大し、方程式は複雑を極めていく。それはまるで、流動する政局での政治家の判断に似ている。状況を見極めながら、時に受動的に時に能動的に、時に果敢に時に慎重に、アドホックに暫定的な答えを出して行動し、その結果を踏まえて次の判断に備えていかざるをえない。

病気は、とにもかくにも、その判断の結果が自分の体に跳ね返ってくるわけで、病人にとって極めて「自分事」であろう。その意味で、病気になれば、人は否応なく「悪さ加減の選択」を迫られる。最善を求める努力と、最悪を避ける努力とにバランスよく意識を注ぐ。言い換えれば、それはすなわち、自分の身体に対する判断とその帰結をすべて全身で引き受ける「主権者の判断」であるだろう。

しかし、対象が政治になると、急に革命的解決を求めて大出術を主張したり、あるいはすべてダメだと匙《さじ》を投げたり、挙句《あげく》に一回死んで生まれ変わった方がいいと豪語する人がどこからともなく現れるのはどういうことか？

政治的判断とは、自分の身に降りかかった病のように、その判断の可否がそのまま自分に跳ね返り、その成功も失敗も自分が引き受けるという実感の下においてこそ醸成されるものであろう。

8　悪と知りながら悪を選ぶ判断

政治は本質的に悪である以上、政治批判は本質的にすべて正しい。やみくもにダメ出しばかりを主義とする人が「最強」なのは、これゆえである。

しかし、いつも正しい批判ばかりしている人が行動しないのも、これゆえであろう。ゲーテが述べるように、行動は常に非良心的である。不完全な知識の下、未来に向かって行動を起こせば間違いは必然的だからである。したがって、「正しい批判」に安住していては、決して現実を切り拓けない。

大悪に比べて小悪を選択するということは、小悪を好きなわけでも、小悪を受け入れているわけでもない。それが悪だと知りながら、中悪の前では小悪を選び取り、そのださめ加減をよくよく知りながら、大悪の前では中悪を擁護しているのである。もちろん、個人の実践においては、飽くことなく最善や正義を追求すればよい。しかし、政治の領域に必要な判断、すなわち政治的判断とは、このような「悪さ加減の選択」だといっているにすぎない。

丸山眞男はこのような政治的判断の一側面を、再び福澤諭吉を引用しながら、「酒屋の主人、必ずしも酒客に非ず」という比喩で説明している。

いわく、「酒屋の主人、必ずしも酒客に非ず、餅屋の亭主、必ずしも下戸に非ず。世人其門前を走て、にわかに其家を評する勿れ」と。すなわち、世の中には、必ずしも酒が好きではないにもかかわず酒屋をやっている人もいる。なぜかといえば、「酒に需要があるという判断、もっと立ち入って言うならば、この場所と、この時節においては、自分に要求されているのは、酒を売ることである。この場所にあっては、酒を売ることが自分の使命なのだと思ったら、酒が好きであろうとなかろうと、ある場合には、酒が嫌いであっても酒を売るということになる」[8]。

政治においても、共産党に投票しているからといって共産主義者とも限らないし、自民党に投票しているからといって自由民主主義者とも限らない。あるいは、日和見《ひよりみ》的な政党に投票したからといって、その人が日和見主義者とも限らない。

それらはすなわち、自分自身も一定の考えを持ちながら、政治全体の配線構造を踏まえた時、自分自身の好みとは別に、「もう少しこの線が出た方がいいのではないか」という政治的判断の一つなのである。「つまりこれは、個々の政党それ自身がいいとか悪いとかいう判断に基づく投票態度とは一応別の次元の問題です。全体状況の判断という問題がここに登場するわけです」[9]。

9　コスト分配の時代の民主主義

このような政治的判断、すなわち「悪さ加減の選択」とは、どこか理想に冷や水をかけるような、ややもすれば消極的な判断のようにも聞こえる。しかしそれは、政治の「悪さ加減」を十分知りながら、「なお選択するという積極的な態度」でもある。この積極性を、丸山はお得意の逆説的話法で、「どうせ悪いものが付随するからこそ少しでもそれを減らすために口を出すんだという、そういう逆説的な考え方[10]」だとしている。

酒屋の主人が好きでもない酒を売ること、有権者が必ずしも支持しているわけではない政党に「悪さ加減の選択」にしたがって投票すること、それは、そのような全体状況の下で自分の役割を見定めるという、極めて高度に主体的で能動的な判断でもある。

経済成長による「パイの分配」に明け暮れたかつての政治は過ぎ去った。これからの政治は、人口減少や少子高齢化のなかで、今まで以上に「コストの分配」という性格を強めていく。学校、鉄道、町内会、議員定数など、これまで一億二〇〇〇万人を前提にして作られてきた仕組みや制度を、これからの社会の実態にあわせてシュリンクさせていくことが不可避だからである。

「コストの分配」は、「パイの分配」よりもさらに合意形成が難しい。そして「コストの分配」は、誰がその役割を担っても嫌われる。すでに十分忌み嫌われている政治がさらに耳障りな課題を突きつけてくる時代に、民主主義がどのように機能するのか、先行きはわからない。

しかし、「コストの分配」をなしとげる合意形成は、これからの政治にとって避けて通れない課題である。そこにあって「悪さ加減の選択」という言葉は、この厳しい時代にあってなお民主主義を支え、運営するために、ますます意味深い教訓を放ち続けている。

（1）福澤諭吉「政府の更迭自ら利益なきに非ず」、一八九三年九月二〇日、慶應義塾編『福澤諭吉全集（第十四巻）』岩波書店、一九六一年、一三八頁、傍点引用者。
（2）丸山眞男「政治的判断」一九五八年、丸山眞男著、松本礼二編注『政治の世界 他十篇』岩波文庫、二〇一四年、三六九頁、傍点引用者。
（3）丸山眞男『『近代日本思想史における国家理性の問題』補注』、一九九二年、『丸山眞男集（第十五巻）』岩波書店、一九九六年、一八一―一八二頁。
（4）丸山眞男「政治的判断」一九五八年、丸山眞男著、松本礼二編注『政治の世界 他十篇』岩波文庫、二〇一四年、三四八頁。
（5）前掲書、三四六頁。
（6）前掲書、三五二―三五三頁、傍点原文。
（7）丸山眞男「普遍の意識欠く日本の思想」、一九六四年、『丸山眞男集（第十五巻）』岩波書店、一九九六年、六九頁。
（8）丸山眞男「福澤諭吉の人と思想」、一九九五年、『丸山眞男集（第十五巻）』岩波書店、一九九六年、二九七頁、傍点原文。
（9）丸山眞男「政治的判断」一九五八年、丸山眞男著、松本礼二編注『政治の世界 他十篇』岩波文庫、二〇一四年、三七二頁、傍点原文。
（10）前掲書、三七一頁。

第10章　日本政治のヴィジョンをめぐって
――「革新」・アイデンティティ政治・脱成長コミュニズム

1　ヴィジョンへの渇望

日本政治はその展望が見えず、与野党の対立軸は漂流を続けている。先行きの見えない時代にあって、人々はその不確実性に耐えられず、未来を示すヴィジョンを求める声が絶えない。

このような渇望は、与党への不満はもとより、明確な対立軸を示せない野党へのいら立ちとして現れている。メディアや評論家の論調を見れば、野党に長期的なヴィジョンを提示せよと要求する論説が繰り返されている。

五五年体制下の日本政治は、冷戦構造下で外交をアメリカに一任し、高度経済成長と国内での利益配分に専心していればよかった。政治にはそれらを安定的にマネジメントすることが求められ、大風呂敷のヴィジョンは今ほど問われなかった。

あるべき総理大臣の心構えをめぐって、「大きなタンカーをゆっくり動かしておよそ間違いのない航路を進んでいく船長みたいであるほうがいい[1]」と述べた宮澤喜一の言葉は、そのような時代に求められた宰相像を言い表していよう。

しかし、宮城大蔵の指摘する通り、一九九〇年代以降の日本政治は、冷戦の終焉やバブルの崩壊を受け、この「およそ間違いのない航路」それ自体が不透明な時代に入っていった[2]。野党や社会運動にヴィジョンがないだけでなく、政権与党もまた「およそ間違いのない航路」を喪失し、場当たり的な政策を繰り出しながら「時間かせぎ」をするしかなくなっている。すなわち、ヴィジョンは政治に不在なのではなく今の日本社会に不在なのであり、本来、その展望をめぐって呻吟する苦しみを、政党も有権者も等しく共有しているはずであろう。

本章では、日本政治のヴィジョンをめぐり、「革新」、アイデンティティ政治、そして脱成長コミュニズムという三つの理念をとりあげ、それぞれの可能性について吟味したい。

2 「革新」の喪失

「労働」に依拠した政治の変容

五五年体制下の日本政治において、「革新」は現状に対する一つの代替選択肢として存在してきた。しかし、「革新」を支えた世代は高齢化を迎え、その文化的ヘゲモニーは急速に縮小している。これからの日本政治のヴィジョンをめぐって、野党や社会運動は「革新」の理念や政策から何を継承すべきかを考えてみたい。

日本における「保守」と「革新」の対立は、政党レベルでは自民党と社会党によって担われ、そのイデオロギー的内実は、第一に資本家と労働者との階級利害をめぐる対立、第二に日米安保条約か憲法九条か、あるいは改憲か護憲かといった安全保障をめぐる争点によって成り立ってきた。すなわち「保革対立」とは、資本と労働という二大階級に依拠した二〇世紀の先進工業国に普遍的な左右軸と、憲法九条をめぐる賛否を軸とした特殊日本的な左右軸という二つの対抗関係が重なるようにして構築されたといえる。

一九九三年に五五年体制は終焉したが、それによって一気に「保革対立」が消滅したわけではない。政治を規定する「歴史的慣性（inertia）」よって、かつての「革新」を支えた争点や支持層はその後も残ってきた。平野浩によれば、二〇〇〇年代を通じてなお、「憲法・安全保障」の争点軸にそった「保革」の政党対立が有権者の認知を強い慣性をもって規定してきたという。(3)

冷戦崩壊によってイデオロギー対立の終焉が唱えられながら、それに代わる新たな対立軸が見えてこない状況にあって、メディアの政治報道もまた「保革」の横軸上に政党や政治家を並べる図式に安易に依拠してきたといえよう。

しかし、かつての「革新」を支えた争点や支持基盤は、五五年体制の終焉から三〇年をへて、ようやくその条件を失いつつあるように見える。

「革新」は何よりも、二〇世紀の左右対立を規定した「資本」と「労働」という二つの階級分岐を背景とし、冷戦構造下の日本でその「労働」側に立脚した政治理念であった。労働史家の高木郁朗によれば、「『戦後革新』の中核には、やはり『労働』があった」とし、「〔労働者の生涯的な生活を含めた〕広い意味の『労働』を改善したいという意欲と、日本国憲法がむすびついたところに『戦後革新』は位置していた(4)」という。実際、社会党が依拠してきたのは何より労働組合であり、総評は社会党の強い支持基盤となった。

五五年体制下において社会党を支えた支持基盤は、しかしながら、一九九〇年代以降、変容を迎えてきた。その結果、自社両党の「1と1／2政党制」を支えた基盤は「旧革新」の側で大きく弱体化している。

二〇世紀において社会民主主義政党を支える屋台骨となったのは、製造業を中心とする男性正規労働者であった。第二次大戦後のヨーロッパで見られた「保守vs中道左派」の二大政党は、その片方においてこのような労働者階級の一体性に支えられたものであった。

しかし、一九八〇年代以降の日本では、このような産業労働者もまた民間大企業を中心に自民党体制に部分的に包摂され、「資本」と「労働」の単純な二項対立は流動化してきた。一九八九年に結成された連合は「民主党基軸」を打ち出して政治との関わりを続けるが、かつての総評＝社会党ブロックの密接な結束力には及ばない。佐々木毅が述べるように、「労働者運動がもはや――マルクスのいう――『普遍的階級』の運動でなくなり、たんなる一つの利益集団の運動にすぎなくなれば、自民党がそれに手を伸ばすことになんの不思議もない(5)」といえる。

また、一九九〇年代以降に進行した雇用の流動化も、「労働」の一体性を損なってきた。二〇二二年時点での日本の労働力人口はおよそ六九〇〇万人とされるが、労働組合に組織化されている労働者は一〇〇〇万人に満たない。非正規雇用やパート・アルバイトの労働者は、その利害や価値観を表出する政治的回路を持たず、政党政治の変容をもたらしている。

「労働」に基礎をおく政党と「資本」に依拠する政党との古典的な二大政党の構図が構築される条件は、遅くとも一九八〇年代あたりまでだったといえる。一九九〇年代以降、世界市場の拡大や産業構造の変化を迎え、国内政治がグローバルな要因によって影響される時代となった。杉田敦が指摘するように、「二一世紀になって、そういう古典的なというか、かつてヨーロッパに存在したような政党政治を日本で作ろうというのは非常に難しい試み(6)」となっているのは事実であろう。

「護憲」を旗印とする政治のこれから

第二次大戦後の「革新」を支えたもう一つの結節点である「護憲」はどうだろうか。憲法九条が示す戦争放棄、戦力不保持の価値は不変であり、未来世代へ継承していく遺産である。その上で、日本政治に占める憲法の位置も、今後、大きく変容していくことが予想される。

政治的な結集軸としての「護憲」が有権者の支持を得てきた背景には、戦争体験の圧倒的なリアリティがあった。日本で三一〇万人、アジア全域で二〇〇〇万人の犠牲者を出した第二次大戦の記憶は、戦後日本において平和主義を代表する「革新」勢力の大きな条件となってきた。

しかし、憲法や外交安全保障の争点が、かつての五五年体制と同様の形でこれからの日本政治を規定するとは考えにくい。

たとえば、立憲野党の共闘を生みだした二〇一五年の安保法制反対運動を見ても、運動の規模、運動を支えた団体の組織力はいずれも一九六〇年の安保闘争とは大きく異なるものであった。六〇年安保闘争をもたらした要因には、その一五年前まで続いた戦争の記憶があり、日本が再び戦争に巻き込まれるというリアリティがあった。その国民的経験を背景として、デモに労働組合のストライキが呼応し、それらが「革新」を支える支持基盤へと連なっていった。

他方、木下ちがやによれば、二〇一五年の安保法制反対運動では、SEALDsのメンバーは全国で五〇〇人ほどであり、その活動はSNS上で可視化されたものであった。これは大学を拠点に数万単位の学生を動員した一九六〇年代の学生運動とは質、量ともに著しく異なっている。また、労働組合も産業行動で応えることはなく、安保法制のデモは「前方展開」のみで行われ、「社会の組織化」にはつながらなかった。したがって、「二〇一〇年代の社会運動が、そのまま旧来型の革新政治の基盤になることはない(7)」という木下の指摘は説得的だろう。

また、巨大な人口規模で「戦後民主主義の担い手」であり続けた団塊の世代は二〇二五年に七五歳以上となり、政治的公共空間からいずれ退出していく。それに伴い、世論形成の中軸は下の世代にシフトしていくことになり、戦争体験の見聞に基づいた反戦意識やそれに支えられた護憲世論なども相対的に希薄化されていくであろう。

このような人口の構造的変化を目の前にして、かつての「革新」やそれを支えた「戦後民主主義」の価値に再び回帰することは不可能であろう。もちろん、憲法九条の堅持や戦争体験の継承は極めて重要である。しかし、「戦後民主主義」を継承することが、すでに敷かれたレールの上をなぞる縮小再生産に陥ってはならない。新しい時代のなかでいかに「戦後民主主義」の視座を再現させていくかが問われているはずである。

かつてマルクスは、「一九世紀の社会革命はその詩情を過去から得ることはできず、未来から手に入れる以外にはない」と述べた。二一世紀の政治変革もまた、過去の追憶にではなく、未知の未来へ果敢に踏み出す勇気が求められている。

3 アイデンティティ政治とのつきあい方

アイデンティティ政治の達成と変容

日本政治のヴィジョンを探るにあたって、次に、ジェンダーやLGBTQといった争点を掲げるアイデンティティ政治をとりあげ、その可能性を考えてみたい。アイデンティティ政治は野党や社会運動にとって、自民党との明確な違いを示す争点であると同時に、ヴィジョンをめぐる広範な合意形成を作りあげるにあたって独特の課題をもたらしてもいるからである。

政治学者のフランシス・フクヤマによれば、アイデンティティの自覚は個人の内なる真の自己と、その真の自己の価値を十分に認めない社会のルールや規範とのギャップから生じる。そこにあってアイデンティティ政治は、内なる自己が侮辱を受けることなく、公的な尊厳を得られることを要求する。(8) そして、アイデンティティ政治は、一九六〇年代の新左翼運動に淵源《えんげん》を持ちながら、ジェンダー、人種、先住民、性的少数者などの権利を確立する運動として勃興していった。

アイデンティティ政治がもたらした意識覚醒の達成は多くの識者が認めるところであり、一九六〇年代以降、アファーマティブ・アクション、人工中絶、同性愛者の権利向上などが実現されていった。哲学者のリチャード・ローティは、二〇世紀の終わりにあたって、「アメリカは三〇年前よりもはるかに人を侮辱することのない社会になってきた」と述べている。

二〇一〇年代以降におけるアイデンティティ政治の二つのうねりが、#MeToo 運動とブラック・ライブズ・マター運動といえよう。二〇一七年に生じた #MeToo 運動はセクシュアル・ハラスメントと性的暴力に光をあて、それに対処する現行刑法の不備についての議論を喚起した。またブラック・ライブズ・マター運動は、アメリカの警察に対してマイノリティに配慮をもって接する意識改革を強いた。これらはいずれも、アイデンティティ政治がもたらした、社会的不正義への自然かつ必然的な対抗策といえる。

このようなアイデンティティ政治は、現実社会に意識変革をもたらす起爆剤になると同時に、近年、その行き過ぎが不寛容な他者排斥に転じたり、保守派のねじれた巻き返しを招くなど、一筋縄ではいかない問題を惹起《じゃっき》するようにもなっている。

政治学者のマーク・リラによれば、ニューディール期のアメリカのリベラルや進歩主義の活動家の多くは労働者階級や農村社会の出身者であり、その拠点は工場の作業現場や地域の政治クラブであった。しかし、一九六〇年代以降、新左翼の運動を継承した指導者たちや弁護士、ジャーナリストはもっぱら大学を拠点として活動するようになる。そこでは、「差異」や「承認」といった問題群がアカデミックに理論化されていく反面、「リベラルな政治思想がたとえ教えられるとしても、教えられる場所はほぼ大学のキャンパスだけになり、その結果、国の大半から社会的にも地理的にも乖離すること[9]」になっていったという。

ローティは、アイデンティティ政治を独自に純化させるアカデミアを「文化左翼」と定義し、その特徴を鋭利に描き出している。すなわち、「文化左翼」は研究室でマイノリティに関する様々な講義や文献読解に没頭しながら、現実社会を改善する地味で退屈な調整や交渉からは退却し、絶望を習い癖としながら自分たちの国を傍観者のように眺めている。「つまりこの〈左翼〉のメンバーたちは、現実の政治よりも文化の政治を優先させ、社会的正義にかなうように民主主義の制度が創り直されるかもしれないという、まさにそのような考え方をばかにする。そうして彼らは希望よりも知識を優先させるのである[10]」。

その結果、アイデンティティ政治に傾斜していくにつれ、アメリカのリベラルは自分たちと異なる考え方をする大多数の人々との接触を避けるようになってしまった。価値観を異にする人々を説得したり、そのような人々との共有の利益を見出して協力するというような、「困難でさほど魅力的とは言えない仕事」に取り組むリベラルが少なくなったというのである。

リベラルがこのようなアイデンティティ政治の藪《やぶ》のなかに迷い込み、国民の多くと乖離していった反面、生活感覚に根差した価値観や政治争点はおしなべて右派に回収されていった。二〇一六年の大統領選におけるトランプの勝利は、自己閉塞するアメリカのリベラルに対する民衆からの一つの応答であった。

日本におけるアイデンティティ政治の現在地

アイデンティティ政治に孕《はら》まれるこのような二面性は、日本政治における対抗勢力の形成を考える上でも、複雑な課題をもたらしている。

二〇〇〇年代以降の日本におけるアイデンティティ政治の大きな達成としては、ヘイトスピーチに対抗するカウンター・デモや、#MeToo や #KuToo、フラワー・デモなど様々なジェンダー平等を求める運動があろう。

二〇一〇年代中旬、在特会によるヘイトスピーチに対して、罵倒や怒声で真っ向対峙する「しばき隊」といったカウンター・デモが登場し、レイシズムに対抗する一つのモデルを示した。これらの運動による問題の可視化により、二〇一六年には国会でヘイトスピーチ解消法が、二〇二〇年には川崎市で刑事罰を盛り込んだヘイトスピーチ規制法が制定された。

また、アメリカで #MeToo 運動が生じた同時期、日本でもジャーナリストの伊藤詩織が元TB

S記者からの性被害を告発し、日本社会に潜む性暴力の実態を顕在化させ、その後、映画界や美術界での男性実力者による性加害が明らかになっていった。

同時に、アイデンティティ政治の高まりは、当事者の経験の感情を伴った追体験を要請することによって、異なる考えを持った他者との忍耐力を要する対話をおろそかにしてしまうという副産物も招いてきた。

たとえば、ヘイトスピーチを罵倒で圧倒するカウンター・デモには大きな意義があったが、その後、いわばその余勢を駆る形で、常識の範疇にある普通の保守的な意見に対しても「ファシスト」、「クソ野郎」、「ゴキブリ」などと名指す物の言い方がSNSを中心に漂流するようになっている。罵倒はヘイトに対して向けられるから意義があるのであり、自分の気に入らない意見を面罵《めんば》するのは、もはや反差別運動とは関係のない単なる暴言であろう。

差別やミソジニーなどで不適切な発言をした人物を集中的に責め立てて恥じ入らせる「コールアウト・カルチャー」や、過去の差別的言動を理由に芸能人や政治家の失職や社会的抹殺を追求する「キャンセル・カルチャー」も、人々のあいだに複雑な違和感を広げている。

「キャンセル・カルチャー」は、二〇一〇年代中旬のアメリカを中心に発生した現象だが、日本でも、過去にいじめを肯定した言動を暴露されたミュージシャンが東京オリンピックの演出を解任されたり、未成年者との性交をめぐり不適切発言をしたとされる国会議員が辞職に追い込まれたりする事例が生じてきた。

アイデンティティ政治の行き過ぎともいえるこうした事態は、差別意識を生み出す社会構造への真摯な洞察をむしろ遠ざけ、民主主義社会の自由で率直な議論それ自体を委縮させてしまうだろう。

アイデンティティ政治と政党

このようなアイデンティティ政治に対して、日本の野党はどのように向きあうべきなのだろうか。これまで、個別のシングル・イシューに強い思い入れを持つ運動当事者と、幅広い有権者の支持を得て合意形成を図らなければならない野党第一党とのあいだには緊張関係がつきまとってきた。

一方において、ジェンダー平等を見れば、日本は諸外国に比べて大幅に遅れている。各国の男女格差を図る基準として二〇二三年に世界経済フォーラムが発表した「ジェンダー・ギャップ指数」では、日本は一四六か国中一二五位であり、先進国のなかで最低レベルであった。とりわけ、「政治」と「経済」における日本の順位が低迷しており、国会議員や首長、企業の役員における女性の割合の低さが顕著である。その意味で、ジェンダー平等をはじめとするアイデンティティ政治は日本政治の争点としてますます重要性を増している。

他方、このようなジェンダー後進国としての実情を受け、野党はアイデンティティ政治の当事者たちの声を正面から受けとめ、マジョリティに対して意識覚醒を促すべきだという声も少なくない。伝統的家族観や家父長制に凝り固まった自民党はもとより、野党もまたアイデンティティ政治への取り組みが不十分だというのである。

たとえば弁護士の太田啓子は、『これからの男の子たちへ』（大月書店、二〇二〇年）などで日本社会に巣食う「有害な男らしさ」を告発してきた。その太田によれば、「残念ながら立憲民主党は、一部の議員はとても熱心で信頼していますが、そうも思えない議員もいて、党を挙げてジェンダー平等を頑張ろうという様子はなかなか伝わってこない(11)」という。

その上で太田は、野党はジェンダー平等を積極的に争点化すべきだという。太田によれば、「そもそも、『ジェンダー平等』を一番に打ち出すと票が集まらないというけれど、実際にそんな選挙をやった実績があるかといえば疑問」であり、したがって「仮定の話ではなく、まず実際に「ジェンダー平等を一番に打ち出した選挙を」やってみてほしい(12)」という。

これまで野党第一党が「ジェンダー平等を一番に打ち出して」国政選挙に挑んだことはないので、実際にそれを行ったらどうなるか、結果を推測することは難しい。しかし、衆議院選挙の候補者として有識者との対話を繰り返した私自身の経験からすると、「ジェンダー平等を一番に掲げろ」という声は、「憲法改正を一番に掲げろ」という声と同じくらい希少であるといってよい。その意味で、野党第一党がジェンダー平等一本槍《やり》で国政選挙を闘えば、それは多くの有権者を遠ざけてしまうことになるだろう。

太田啓子の要求と対照的に、二〇二一年一一月、衆議院議員の米山隆一がツイッター（現X）で、「私はジェンダー平等や気候変動も出し続けていいと思います。但し出す順番としては、①経済②福祉③ジェンダー・気候変動だと思います。③を一番に打ち出すと、『余裕のある人の趣味』に見られてしまうので」[13]と述べている。

このツイートは、米山の論争好きの性格もあって賛否を呼んだが、米山のこの感覚は、有権者との日常的な接触を通じて得られた実感であることは間違いない。民主政治では、自分と意見を異にする人々との関わりを避けて通れず、それらの意見交換のなかで自ずと政策課題の優先順位の見極めを迫られるであろう。

立憲民主党の衆議院議員である西村智奈美もまた、大沢真理や本田由紀といった研究者との座談会で二〇二一年衆院選を振り返り、「ジェンダー平等という言葉については人によってとらえ方がいろいろで、『ジェンダーって何?』というところから説明しなければならなくなり、演説がそれだけで終わってしまう」と述べている。むしろ、「選挙戦での地元の反応は、税金の無駄遣い、国会での嘘の答弁、さらには公文書の改ざんと、おかしなことが行われているにもかかわらず誰も責任をとっていない、こんな自民党政治を変えてほしいということが主だった」[14]という。

もとより留意すべきは、野党にとってジェンダー平等は重要な公約の一つであり、立憲民主党も議会でのパリテ（男女同数）を目指し、国政選挙の候補者におけるクォータ制を積極的に進めている政党だということである。野党はまた、様々な差別や偏見の当事者の声を受けとめ、アイデンティティ政治からの要求を制度的解決に結びつけなければならない。

同時に、政治家は周期的に訪れる選挙のために、否応なく有権者の感情や息遣いに寄り添い、自分と異なる考えを持つ人々との対話を義務づけられている。野党第一党が「ジェンダー平等を一番に打ち出す選挙」をしない／できないのは、ジェンダー平等を蔑ろにしているからではなく、そのような多様な考えの有権者との合意形成を作りあげる作業のなかでジェンダー平等を前進させようとしているからである。

アイデンティティ政治からの突き上げと、法や行政の領域でその解決策を追求する政党とのあいだには常に緊張関係がある。日本社会の価値観を一歩でも前に進めるためには、この緊張関係をあえて引き受けながら、その狭間でこれからのヴィジョンを模索していくしかないであろう。

4　ヴィジョンとしての脱成長コミュニズム？

脱成長コミュニズムからの問題提起

日本政治のヴィジョンをめぐって、最後に、斎藤幸平の主張する脱成長コミュニズムをとりあげ、その内容を見極めてみたい。ＳＤＧｓは「大衆のアヘン」であるという挑発的文言から始まる『人新世の「資本論」』（集英社新書、二〇二〇年）は、資本主義の限界を警鐘しつつ、マルクスのなかに定常型社会への視座を見出し、それを気候変動に応用する警世《けいせい》の書であった。人間への搾取を尽くした資本主義が、今や地球環境の掠奪を通じて気候変動を引き起こしているという斎藤の問題提起は重く受けとめられるべきである。

同時に、斎藤のポレミックな議論の底流にあるのは、おしなべて「穏健な政治改良」と「ラディカルな社会変革」とを対置させ、「前者では不十分だ、大胆かつ野心的に後者の革命に乗り出さなければならない」という思考のパターンである。このような二項対立に則り、ＳＤＧｓに対して脱成長が、気候ケインズ主義に対して革命的コミュニズムが、議会政治に対して社会運動が、リベラルに対して左派ポピュリズムが、ピケティに対してエコロジー的に再解釈されたマルクスが対置され、前者の生半可《なまはんか》さに対して後者の力強さが浮き彫りにされつつ、読者はその力強い筆致とともに「ラディカルな社会変革」へのインスピレーションへと誘われることになる。

このような問題設定が閉塞した思想状況を活性化させ、私たちの想像力を豊かにしてくれる意義は大きい。しかし、斎藤の議論に感じる難点は、そのエッジの効いた問題提起のあまり、あたかも「穏健な政治改良」と「ラディカルな社会変革」とが両立しないもの、二者択一のごとく提示される点である。それは転じて、議会政治を通じてグリーン・ニューディールを進めるような具体的改革は無意味だといったメッセージになりかねない。そうであれば、その議論は「ラディカルな社会変革」をもたらすどころか、ただでさえ困難に直面する「穏健な政治的改良」さえをも萎えさせる機能を果たしかねないであろう。

以下では、第一にグリーン・ニューディールと脱成長コミュニズムとの関係、第二に「政治主義」と社会運動との関係をめぐって、斎藤の主張に対して率直に疑問を投げかけることによって建設的議論に向けた材料としたい。

グリーン・ニューディールと脱成長コミュニズムは二者択一か？

第一に、グリーン・ニューディールと脱成長コミュニズムとの関係をめぐる疑問である。斎藤の整理においては、グリーン・ニューディールと気候ケインズ主義、そしてＳＤＧｓは一連の政策的パッケージをなしている。すなわち、グリーン・ニューディールとは財政出動によって再生可能エネルギーや電気自動車を普及させ、それによって雇用と有効需要を作り出し、持続可能な緑の経済をもたらす試みである。これは政府の公共投資によって環境分野での経済成長をもたらそうとする点で気候ケインズ主義とも言い換えられ、それをイデオロギーの側面から正当化するのがＳＤＧｓであった。

これら気候ケインズ主義の一連の試みに対して、斎藤の評価は極めて渋い。一方でグリーン・ニューディールは現実的には「不可欠」とされるものの、議論の力点はむしろその限界や欺瞞《ぎまん》に向けられており、総じてそれは経済成長至上主義の現実を覆い隠す「現実逃避」とされる。また、「緑の経済成長」は先進国のエコな生活のための費用を周辺国に転嫁《てんか》し、アジアやアフリカへの新たな掠奪や支配を強化することになる。そのような帝国主義的試みを糊塗《こと》するのがＳＤＧｓであり、それが環境配慮を装う「グリーンウォッシング」として機能する。したがって、「気候ケインズ主義の目的は『気候正義』を実現することではなく、既存の権力・支配関係を新しい環境下において維持・強化すること(15)」とされるのであった。

もとより、グリーン・ニューディールに対する斎藤の評価は二面的ではあり、太陽光発電や公共交通の拡充などは肯定的に位置づけられている。ＳＤＧｓに対する斎藤の評価も巧みにその両義性が留保されており、「不十分だがないよりまし」と「ないよりましだが不十分（時にむしろ有害）」とのあいだを、後者にはるかに強い力点がおかれる形で浮遊している。

しかし、斎藤の議論の問題点は、グリーン・ニューディールのポジティヴな側面を促すことではなく、むしろそのネガティヴな可能性を強調することで、それとの比較において脱成長コミュニズムの優位性が導き出されるという筋書きになっていることであろう。ここにおいて、気候変動対策にむけた漸進的改良と革命的解決、すなわち「穏健な政治改良」と「ラディカルな社会変革」とは決定的に分断され、相互の連続性や共闘可能性は捨象されてしまう。さらに、ＳＤＧｓが「無意味」とされるのならまだいいが（「無意味」であれば単に無視すればよい）、積極的に「有害」とされてしまえば、「ラディカルな社会変革」にとってそれは攻撃や抹殺の対象となってしまうであろう。読者にそのような態度決定を迫る先に、現実を変革する建設的展望が拓けるとは思えない。

「緑の成長」と「脱成長」との連続性

グリーン・ニューディールと脱成長コミュニズムとをあたかも対抗的なものとして論じるのではなく、むしろ双方を部分的に交わる二つの楕円と捉え、その重なりあいを大きくしていくアプローチが必要ではないだろうか。たとえば社会学者の広井良典は「緑の成長」と「脱成長」との連続性を次のように指摘している。

広井によれば、環境への負荷を最小限にしながら経済成長を追求する「緑の成長（Green Growth）」と、GDPの増加とは異なる「豊かさ」の指標を志向する「脱成長（Degrowth）」とは、前者がそれでも経済の拡大を志向し、後者がそれから離脱しているという点において、相互に異なる範疇にある。しかし、「現実的には両者（「緑の成長」と「脱成長」）は連続的な面をもっており、今の段階でこの両者のいずれをとるかにこだわるのはあまり生産的でない」とし、「たとえて言えば、それは〝野党同士が互いの方針の違いにこだわり対立する結果、永遠に政権をとれない〟状況と似ている(16)」と指摘している。

すなわち広井においては、「大きく見れば、持続可能性あるいは地球環境の有限性を重視するという基本スタンスにおいて『緑の成長』と『脱成長』は共通しているのであって、究極の姿が『脱成長』であり、『緑の成長』は過渡期的な、移行期の戦略として意味をもつもの」として整理されるのである。実際、日本の経済成長はすでに一％を現実的な目標としており、予見しがたいイノベーションが生じない限り、望むと望まざると広義の「定常型経済」へと移行しているといえよう。とすれば、「緑の成長」を〝弱い意味での定常型社会〟、「脱成長」を〝強い意味での定常化社会〟と位置づけ、相互の程度の違いを見極めながら中長期的なヴィジョンを設定するアプローチの方が適切かつ建設的ではないだろうか。

「政治主義」と社会運動は対立するか？

第二に、社会変革の戦術論、すなわち「政治主義」と社会運動との関係をめぐってである。斎藤が強調するように、選挙やロビイングは民主主義の一部にすぎず、資本の力に対抗するためには社会運動の圧力が必須であり、欧米の左派ポピュリズムの背景には「新しい社会運動」が存在しているという指摘には満腔《まんこう》の同意を示したい。

しかし、ここでもまた、斎藤の議論はいささかポレミックが過ぎて、選挙や議会政治を重視する「政治主義」とラディカルな社会運動とが二者択一のごとく対置される問題設定が迫られてしまう。斎藤によれば、「政治主義」とは「議会制民主主義の枠内での投票によって良いリーダーを選出し、その後は政治家や専門家たちに制度や法律の変更を任せればいいという発想」だという。そして、議会政治に過度の期待を寄せれば運動の焦点は「必然的に選挙に矮小化」され、その結果、「階級闘争」の視点が消え、「政治的想像力」は狭隘《きょうあい》化してしまうという。

とりわけ社会運動の脆弱な日本において、リベラルは選挙や政党ばかりに関心を払って「政治主義の罠」に陥り、自分たちのイメージが悪化するとして社会運動との結びつきを忌避しているという。「そのせいで、資本主義と民主主義の両方が危機に直面した時に、若い世代は、政治でしか世界を変えられないという発想にしがみつくことになる。議会で多数派となって新しい政策を掲げて、制度を変えるんだという発想以外、出てこないのです[17]」。

このような斎藤の議論に感じる最初の違和感は、現代日本における「政治主義」をめぐる認識である。思うに、斎藤の見ている現在の日本は、若年層が足しげく投票に行き、政治家にロビイングを繰り返して政治の力を過信する反面、社会運動には冷淡で、抜本的なシステム転換に向けた政治的想像力の乏しい社会のようである。

しかし、安心してほしい。それは杞憂《きゆう》である。なんとなれば、現在の日本において斎藤が危惧するような「政治主義」の傾向は極めて乏しい。近年の国政選挙における二〇代の投票率はわずか三五％前後に低迷し、若者は政党との安定的関係を築けておらず、むしろ「政権を批判する野党」をさえ忌避している。欧米のミレニアル世代やZ世代が「ジェネレーション・レフト」として左傾化しているらしいのに対し、日本のミレニアル世代は、そのおかれた社会的状況において団塊世代よりもはるかに恵まれないものの、その利害を政策に反映させる政治的回路の構築に失敗している。すなわち現実の日本は、若年世代が議会制民主主義から遠ざかり、同時に社会運動も乏しい社会なのである。ここにあって、「政治主義」を否定して社会運動を称揚する議論は、おそらく社会運動を巻き起こす力もないのに加えて、本来、それ自体も鼓舞されなければならない「政治主義」をも萎えさせるであろう。今重要なのは、議会政治と社会運動とを二項対立的に捉えることではなく、むしろ逆に、広義の政治参加として双方をともに促し勇気づける姿勢ではなかろうか。

国家の活用と切っても切れない政治の役割

斎藤の議論が抱える最大の難点は、「まずは政治以外の領域での全面的な改革が必要」という発想と、国家の利用価値の承認とがどのように整合するか、という問題である。なぜなら、気候変動に対抗するためにはどうしても政府権力の活用が不可避であり、そのためには議会や選挙を通じた「政治」が必要になるからである。

脱成長コミュニズムの基本的な志向は、「国家でも市場でもないところで」、すなわち市民社会の社会運動に依拠しながら資本主義への反転攻勢を仕掛けていくというものである。なんとなれば、気候危機を前にした国家への過度な期待は、かつてのソ連や中国のような強権支配の再来、すなわち「気候毛沢東主義」を招くというのである。

とはいえ、斎藤自身、国家のポジティヴな機能を無視しているわけではない。この点について、伝統的な「社会民主主義者」に近いポール・メイソンの立場は明瞭であり、国家は社会の改革にあたって「有効な梃《てこ》」であり、民主的な経済エコシステムを支える「ルール設定者」としての役割が期待されている。斎藤もまた、現実問題としては国家を使わずにポスト資本主義に移行することは「不可能」としており、実際、コロナ危機は斎藤にこのような国家の重要性を再認識させたという。

気候変動や世界的格差などグローバルな課題に対応するためには、それを「気候毛沢東主義」と呼ぶかどうかは別にして、各国政府の力がどうしても不可欠なのである。

では、どうすればその政府の方向性を変革し、国家を活用できるのか？　そのためには、端的にいって、選挙や議会を通じて、民衆が行政権力を掌握していくことが必要になる。われわれが国家を使うためには、かつて新自由主義が巧みにそうしたように、社会の「同意」をとりつけ、代議制民主主義を通じて多数派を形成し、行政権力に到達しなければならない。もちろん、それは社会変革のすべてではない。しかし、避けて通ることのできないプロセスの一つなのである。

脱成長コミュニズムは政治のヴィジョンたりえない

脱成長コミュニズムという大胆な問題提起の意義は大きい。現代の閉塞感のなかで、それは政治的想像力を羽ばたかせてくれる。縮こまった政治的野心を大きく鼓舞してくれる。脱成長コミュニズムの訴えが巻き起こす未来へのインスピレーションに、筆者も共感する。

しかし、その主張が論壇における話題を越えて、現実の日本社会を前進させる機能をどれだけ担うかは未知数である。宇野重規が指摘するように、「マルクス復権」の掛け声がむしろ「現実の社会が変えられないことへの代償行為」として消費される可能性もあるだろう。

もとより、斎藤が政党や政治家に多くを期待していないのと同様、政党や政治家の側が斎藤の議論に現実的なオルタナティヴを期待するのも筋違いかもしれない。しかし、斎藤の議論が政府権力の活用に関わる以上、その範囲内で、政党政治にとってのオルタナティヴ構想として脱成長コミュニズムがどれだけ有効かを問わなければならない。

その上で率直に筆者の意見を述べるなら、脱成長コミュニズムは野党のヴィジョンにはならない。現実の社会は様々な経路依存性の上にあり、前進するにも後退するにも、その幅には一定の限界がある。たとえば、立憲民主党はじめ政権を担う野党は、様々な基幹産業の支援も受ける。それらの産業は、眼前の条件を与件とすれば、一定の経済成長を前提にしている。もちろん、経済成長の無限追求が生み出す課題は直視しなければならないが、同時に、それらの産業には現に雇用されている労働者がおり、子どもや高齢者など家族を含めて、その雇用で生活をしている人たちがいる。

そこにあって、仮に野党第一党が脱成長コミュニズムを掲げて国政選挙に挑めば、野党陣営は間違いなく壊滅するであろう。鉄鋼や自動車など基幹産業の労働組合は一瞬で野党から離反し、無党派層の要求からも乖離しながら、結果として国民から政権担当政党として見放されるであろう。たしかに気候変動については捨て身で大きな問題提起をすることになるかもしれない。しかし、その結果として日本政治の与野党バランスは大きく崩れ、ジェンダー平等では今よりもはるかに保守化が進み、憲法改正や防衛費増額においては取り返しのつかない右傾化が進むであろう。これは何も、脱成長コミュニズムに冷や水をあびせるためにいっているのではない。現実としてはそうなる、ということを述べているにすぎない。

それゆえ、野党第一党は、現実の選択肢としては脱成長コミュニズムを掲げることはできない。それは、野党第一党にヴィジョンや哲学がないからではなく、政権を視野に入れる政党としての責任だからである。現実政治に対してラディカルな理想を突きつけるのが哲学者の役割だとすれば、現実政治の確実な前進に責任を持つのが政党の役割というものであろう。地上から足を離せばいくらでも高く（ラディカルに）飛ぶことができる。しかし、地上から足を離せば地上を変えることはできないのである。

5　ヴィジョンをもたらす必然性と意志

時代がどれだけ混迷しようとも、ヴィジョンは空から降って来るわけではない。マーク・リラの述べるように、ヴィジョンを発見する研究機関などないし、ヴィジョンの方から履歴書を持って面接を受けにくるわけでもない。また、何かしらのヴィジョンを手にすれば、それにしたがって未来がぱっと拓けるという期待もまた幻想であろう。

もちろん、ラディカルな社会批判による大胆で力強いヴィジョン提起の意義は大きい。それは目の前の世界だけがすべてではないことを気づかせ、われわれに行動を促すこともある。

しかし、木下ちがやも指摘するように、本来、実践のなかで試されるはずの左派思想が、現実と乖離したところでどれだけラディカルになろうとも、それにさしたる意味はない。人間社会の現実から切り離されれば、思想はいくらでもラディカルになれるからである。

同時に、だからといって理想を掲げても仕方ないと居直り、現実の「変えられなさ」を受け入れ、それにいかに順応していくかを論じることこそ「大人の流儀」だとするような態度も社会の改善とは縁遠いだろう。野党の未熟さをあげつらい、社会運動のナイーヴさを腐《くさ》すことに才能を費やす冷笑主義にも与《くみ》することはできない。健全な理想主義を手放さず、社会の進歩を信じる態度を大切にしたい。

二〇世紀を振り返れば、ニューディールでも福祉国家の形成でも、政治の形はあらかじめ示されたヴィジョンにそって導かれたわけではなく、人々が眼前の課題の解決を迫られ、政治が泥縄式に社会改革に取り組むことによって定まってきた。ヴィジョンがあって社会が変わったというよりも、社会を変えようと悪戦苦闘するなかでヴィジョンが浮かび上がってきた。ヴィジョンなき時代における賭けのような行動が、次のヴィジョンを引き寄せてきたといえるかもしれない。

哲学者のスピノザによれば、自然状態から国家状態への移行、すなわち無制約な自由を持った人間が政治社会の秩序と平和を創り出すプロセスは、「必然性の強制」と「理性の勧誘」とによってなされるという。

権力の存在しない自然状態では、人間は一切の道徳的規範から解き放たれ、力と欲望のおもむくままに自己保存を追求するのが必然の姿である。しかし、各人が等しく無制限にその権利を行使するために、人間は相互敵対状態に陥り、自身の求める自己保存は虚しい徒労に終わる。すなわち、「必然性の強制」による手痛いしっぺ返しを受ける。

そこで各人は、人間の普遍的能力としての理性を働かせ、無制約な欲望の追求と他者との共存のどちらがより自身の安全と便益を高め、自己保存を確実にするかを認識する。すなわち「理性の勧誘」に促される。

人間による自然状態から国家状態への移行、いわば野蛮から文明への道筋は、スピノザによれば、このような「必然性の強制」と、その必然性を認識することによって自分の行動の道筋を判断させる「理性の勧誘」によって導かれるものであった(18)。

同じようなことが、われわれを導くヴィジョンについてもいえるかもしれない。格差や差別、人口減少や気候変動といった多くの課題が山積するなかで、われわれは必然的にそれらの課題に向きあうことを義務づけられる。それらの課題のよってきたる原因を認識すればするほど、われわれは必然的にそれらを克服するためのヴィジョンを迫られるだろう。

しかし、だからといってただそれを無為に待っていればよいわけではなく、われわれが理性の努力によって現実の内にヴィジョンの萌芽《ほうが》を認識し、それに言葉を与え、自分たちの態度を変えていく意志も必要になる。時代を切り拓くヴィジョンとは、そのような必然性と意志とが時宜《じぎ》の幸運をえて重なる時、その相貌を浮かび上がらせるであろう。

われわれは今なお、ヴィジョンの必然的な到来を意志の力で手繰《たぐ》り寄せようとする、そのような「展望への旅（vision quest）」の途上にいるのである。

（1）宮澤喜一『新・護憲宣言——21世紀の日本と世界』朝日新聞社、一九九五年、五三頁。
（2）宮城大蔵「序章 歴史としての平成日本政治」、宮城大蔵編著『平成の宰相たち——指導者一六人の肖像』ミネルヴァ書房、二〇二一年、八—九頁。

（3）平野浩『有権者の選択——日本における政党政治と代表制民主主義の行方』木鐸社、二〇一五年、一二五頁。
（4）高木郁朗著、中北浩爾編『戦後革新の墓碑銘』旬報社、二〇二一年、二〇七頁。
（5）佐々木毅『いま政治になにが可能か——政治的意味空間の再生のために』中公新書、一九八七年、一六三頁。
（6）杉田敦、長谷部恭男・杉田敦・高見勝利・柿﨑明二「〔座談会〕選挙制度と政党システムの未来」『ジュリスト』有斐閣、二〇一三年春号（第五号）、一五頁。
（7）木下ちがや「2020年代日本のヘゲモニーの危機（下）——本格化する戦後体制の終焉」『科学的社会主義』社会主義協会、二〇二三年七月号、三二頁。
（8）F. Fukuyama, *Identity: The Demand for Dignity and the Politics of Resentment*, New York, Farrar, Straus and Giroux, 2018, pp. 9-10.（山田文訳『IDENTITY——尊厳の欲求と憤りの政治』朝日新聞出版、二〇一九年、二七—二八頁）
（9）M. Lilla, *The Once and Future Liberal: After Identity Politics*, New York, Harper Collins, 2017, p. 61.（夏目大訳『リベラル再生宣言』早川書房、二〇一八年、六七頁）
（10）R. Rorty, *Achieving Our Country: Leftist Thought in Twentieth-Century America*, Cambridge, Harvard University Press, 1998, p. 36.（小澤照彦訳『アメリカ 未完のプロジェクト——20世紀アメリカにおける左翼思想』晃洋書房、二〇〇〇年、三八—三九頁）
（11）太田啓子「野党がジェンダーで『勝つ』ために——政治家に求められる発信を考える」『世界』岩波書店、二〇二二年六月号、一九七頁。
（12）前掲論文、一九一—一九二頁。
（13）米山隆一のツイッター（現X）、二〇二一年一一月一日。
（14）西村智奈美、西村智奈美・大沢真理・本田由紀「〔座談会〕野党は社会経済政策にどうとりくむのか（上）」『論座』朝日新聞社、二〇二二年四月三日。
（15）斎藤幸平「気候危機と環境革命——気候ケインズ主義、加速主義、エコ社会主義」『現代思想』青土社、二〇二〇年三月号、一七四—一七五頁。
（16）広井良典「岸田内閣『新しい資本主義』が話題の一方、多くの人が誤解している『資本主義とは何か』」『現代ビジネス』講談社、二〇二二年一月二二日。

(17) 斎藤幸平「第2章 政治主義の罠」、斉藤幸平編『資本主義の終わりか、人間の終焉か？ 未来への大分岐』集英社新書、二〇一九年、五四―五五頁。

(18) このスピノザ解釈は加藤節のそれに負っている。

あとがき

本書を世に問うにあたり、自分がこれまで辿ってきた理論と実践の軌跡がどのように審判されるのか、恐れ慄く気持ちが募るが、もはやすべてを読者に委ねるしかない。

時代の先行きの見えない現在、われわれの社会を展望する作業は、あたかも漆黒の夜空に向かって咆哮《ほうこう》するような営みである。

夜空、地球から肉眼で見える星の数は約七〇〇〇個だという。その中で最も明るく見える星はおおいぬ座のシリウス。これに対して、はくちょう座のデネブの明るさは、一九番目になっている。しかし、教育学者の鶴襄《つるのぼる》によれば、シリウスの明るさは太陽の二三倍であるのに対して、デネブのそれは太陽の六〇〇〇倍だという。シリウスが一位でデネブが一九位であることの違いは、地球からの距離によるものにすぎない。質実剛健。その星の本来の明るさに着目し、その実力をこそ涵《かん》養《よう》するデネブの精神を胸に刻みたい。

本書の第Ⅰ部「一九九三年体制をめぐって」では、現代政治に対する鋭い洞察を繰り広げる多くの論者の先行研究に負ってきた。とりわけ、平野浩、大嶽秀夫、中北浩爾、吉田徹、山口二郎、三浦まり、杉田敦の各先生の研究や言論に触発されており、記して感謝する。また、恐れ多い存在ながらその胸を借り、異論めいた自説を展開させていただいた政治学界の泰斗、佐々木毅先生にも深く敬意を申し述べておきたい。

第Ⅱ部「二〇二一年衆議院選挙を闘って」を記すにあたって、私の政治活動は多くの人々によって支えられてきた。そんな盟友や先達《せんだつ》たち、すなわち門田佳子、馬庭恭子、筏朋也、藤本敏彰、たけだまるみの皆さん、小迫敏宏、山崎幸治はじめ支援組織の皆さん、瀧本実はじめ自治体議員の皆さん、藤元康之はじめ市民連合の皆さんに、心から謝意を申し上げたい。

第Ⅲ部「未知の時代に踏み出す日本政治」では、先行きのわからない時代に、それでも間違いを恐れず一歩踏み出す蛮勇を要した。そんな進取の言論をともにしてきた余人代えがたき論客たち、すなわち木下ちがや、坂本健、森原康仁、白川真澄の各氏へ、そして私の知見を開いてくれた自由追求者へ、さらなる相互研鑽を期して感謝したい。

最後に、本書所収の論稿の発表の場を作ってくれた岩波書店の中山永基（閔永基）さん、中央公論新社の上林達也さん、青土社の樫田祐一郎さん、そして、私の体験記に価値を認め、その発表に向けて勇気づけてくれた足立朋也さんに、何より感謝を申し上げたい。

デネブのような星の一つひとつが、われわれの社会の将来を照らし出すことを祈り、自らもその一つとならんことを願って、本書を世に送り出したい。

二〇二三年一一月二六日

大井赤亥

初出一覧

既発表論稿は、書籍化に当たって大幅に加筆修正しております。

第1章　「1993年体制と『3・2・1の法則』――政治的選択肢の健全な拮抗のために」『中央公論』二〇二二年一〇月号
第2章　書き下ろし
第3章　「『3・2・1の法則』と政党対立の再編成――二つの争点軸と三極構造の変容」『世界』二〇二三年一〇月号
第4章　「コロナ時代の日本政治の対立軸――対立争点から合意争点への交錯と移行」『現代思想』二〇二一年三月号
第5章　書き下ろし
第6章　書き下ろし
第7章　書き下ろし
第8章　書き下ろし
第9章　書き下ろし
第10章　「脱成長コミュニズムは政治のビジョンたりえるか?～斎藤幸平氏『人新世の「資本論」』をめぐって」『論座』二〇二三年二月九日（書籍化に当たって改題）

大井赤亥（おおい・あかい）
1980年東京都生まれ、広島市育ち。政治学者。東京大学大学院総合文化研究科博士課程単位取得退学。博士（学術）。専門は政治思想・現代日本政治。東京大学、法政大学、昭和女子大学などで講師を務めた後、2021年10月の第49回衆議院議員選挙に広島県第2区より立候補して落選。現在、広島工業大学非常勤講師。主な著書に『ハロルド・ラスキの政治学——公共的知識人の政治参加とリベラリズムの再定義』（東京大学出版会、2019年）、『武器としての政治思想——リベラル・左派ポピュリズム・公正なグローバリズム』（青土社、2020年）、『現代日本政治史——「改革の政治」とオルタナティヴ』（ちくま新書、2021年）。

政治《せいじ》と政治学《せいじがく》のあいだ　政治学者《せいじがくしゃ》、衆議院選挙《しゅうぎいんせんきょ》をかく闘《たたか》えり

2023年12月21日　第1刷印刷
2023年12月31日　第1刷発行

著　者　大井赤亥《おおいあかい》

発行者　清水一人
発行所　青土社
〒101-0051　東京都千代田区神田神保町1-29　市瀬ビル
電話　03-3291-9831（編集部）　03-3294-7829（営業部）
振替　00190-7-192955

印　刷　双文社印刷
製　本　双文社印刷

装　幀　岡 孝治

カバー・表紙写真
IBA / PIXTA

ISBN978-4-7917-7616-0